MP Dunleavey

DINHEIRO **PODE** COMPRAR **FELICIDADE**

Viva bem com ou sem dinheiro

CARO LEITOR,

Queremos saber sua opinião sobre nossos livros.

Após sua leitura, acesse nosso *site* (www.editoragente.com.br),

cadastre-se e contribua com suas sugestões, críticas ou elogios.

Boa leitura!

MP Dunleavey

DINHEIRO **PODE** COMPRAR **FELICIDADE**

Viva bem com ou sem dinheiro

Tradução: Maria Silvia Mourão Netto

Editora Gente

Editora
Rosely M. Boschini

Coordenação editorial
Fernando Fernandes

Assistência editorial
Rosângela Barbosa

Produção
André Medella

Copidesque
Sandra Silva

Preparação
Ana Lucia Sant'Ana dos Santos

Capa
Designing

Foto da capa
Getty Images

Fotos de miolo
Mailthepic/Dreamstime.com

Projeto gráfico
Neide Siqueira

Diagramação
Join Bureau

Revisão
Adriana Cristina Bairrada

Título original: *Money can buy happiness*

Rua Pedro Soares de Almeida, 114
São Paulo, SP – CEP 05029-030
Telefone: (11) 3670-2500
Site: http://www.editoragente.com.br
E-mail: gente@editoragente.com.br

Dados Internacionais de Catalogação na Publicação (CIP)
(Câmara Brasileira do Livro, SP, Brasil)

Dunleavey, M.P.
Dinheiro pode comprar a felicidade : viva bem com ou sem dinheiro / M. P. Dunleavey ; tradução Maria Silvia Mourão Netto. — São Paulo : Editora Gente, 2008.

Título original: Money can buy happiness
Bibliografia.
ISBN 978-85-7312-601-3

1. Dinheiro 2. Felicidade 3. Finanças pessoais 4. Riqueza 5. Segurança financeira I. Título.

08-03896 CDD-332.02401

Índices para catálogo sistemático:

1. Segurança financeira : Finanças pessais : Otimização da felicidade : Economia 332.02401

Para meu amado Matthew.

Sumário

Introdução

Quem disse que dinheiro não compra felicidade?

Embora seja verdade que não é possível entrar num supermercado, usar o cartão de crédito e sair com um carrinho cheio de contentamento — ou saúde, ou amor verdadeiro, ou mesmo um dia incrível — que dure pelo resto de nossa vida, isso não quer dizer que o velho clichê "dinheiro não compra felicidade" seja verdade. Ficamos tão obcecados em conseguir bens materiais que o dinheiro pode comprar que perdemos de vista o fato de que a felicidade é uma das coisas mais poderosas que o dinheiro pode comprar. É disso que este livro trata.

Certos dias, eu só queria que a fada madrinha dos salários sacudisse a varinha mágica sobre mim e aumentasse o meu salário quatro vezes. Ou que a fada madrinha das loterias, essa irmã gêmea ainda mais difícil, apenas fizesse aparecer o bilhete premiado embaixo do meu travesseiro. *Logo*, penso e dou um grande suspiro, *eu poderia comprar tudo que quero e ENTÃO seria feliz!*

Infelizmente, o desejo de ter não apenas o dinheiro suficiente, mas muito dinheiro — uma quantidade ridícula, como diriam alguns — deixou de ser uma fantasia, um desejo, e se transformou numa obsessão cultural. No intervalo de apenas dois séculos, nós, consumidores deste mundo globalizado nos tornamos compradores desenfreados, dispostos a nos submeter a lesões corporais razoáveis só para aproveitar a queima de estoque das grandes cadeias de supermercados ou de lojas de eletrodomésticos e móveis.

Há alguma coisa errada.

As pessoas estão passando cada vez mais horas no trabalho e demorando cada vez mais tempo para percorrer quilômetros até chegar em casa, para tentar enfrentar o leque de boletos de cobrança do mês e assim ter como encarar o próximo, investindo no lar e gastando tanto no presente que pouco conseguem poupar para o futuro, tudo em nome de desfrutar a tão desejável "qualidade de vida". Tudo bem, mas onde ela está?

Gastando tudo e mais um pouco para quê?

Susana e Heitor "tinham se dado bem", no sentido como a cultura popular define "se dar bem": possuíam empregos glamourosos, de alto prestígio e *status* social, um espaçoso *loft* numa região privilegiada, faziam freqüentes viagens ao exterior, iam ao teatro várias vezes por semana, estavam acostumados a "banhos de loja" com peças de grife. Mas, depois de se casarem em 1997, não conseguiam se livrar de um sentimento cada vez maior de insatisfação. "Quanto a mim, casei com Susana porque queria passar meu tempo com ela, mas isso não acontecia", disse Heitor, 39 anos. "Ela viajava muito e, mesmo quando estávamos os dois em casa, nossos horários não coincidiam."

Susana, 43 anos, chegou à mesma constatação. Tinha alcançado todas as realizações materiais com que sonhara aos 20 anos, mas nenhuma delas lhe trazia a satisfação que imaginara. "A gente embarca nessa onda de consumir, volta para casa com roupas novas todo fim de semana, ou utensílios novos para a casa, e tudo isso acaba significando muito pouco", diz ela. "Não temos tempo para fazer o que, de fato, gostamos, como pintar e andar de bicicleta; passamos o tempo todo trabalhando."

> "Certamente há coisas na vida que o dinheiro não pode comprar, mas existe um fato muito interessante: alguma vez você tentou comprá-las sem dinheiro?"
> *Ogden Nash*, poeta norte-americano

Os dois também percebiam o fato irônico de estarem ambos ganhando muito bem. Heitor se recordava: "Quando a gente olhava para os números na declaração de imposto de renda, pensava: 'Mas aonde foi parar tudo isso?'".

Mesmo que você não fature tanto quanto esse casal, aposto que já passou por alguma situação parecida. Quando a gente passa a melhor parte de nossa vida adulta correndo atrás de algum tipo de "sucesso" ou "felicidade", é desconcertante abrir os olhos e ver que, no fundo, todas as nossas conquistas materiais não nos proporcionam a vida maravilhosa que imaginamos. No entanto, essa tem sido a realidade do consumidor da sociedade contemporânea nos últimos quinze anos.

Se eu perguntar a você se hoje somos, no geral, nações mais ricas que após a Segunda Guerra Mundial, provavelmente você dirá que sim, e terá razão. Mas, se eu lhe perguntar se a prosperidade tornou seus povos mais felizes, talvez você hesite. Pesquisadores têm constatado, por exemplo, que embora os norte-americanos vivam no país que é possivelmente o mais rico do mundo, nesta que é uma das épocas mais prósperas da história, em geral, não estão mais satisfeitos com sua vida que há poucas décadas. Segundo uma pesquisa realizada pelo Centro de

Pesquisas Pew, entre 1972 e 2004 os norte-americanos expressaram o mesmo nível geral de felicidade, apesar do fato de a renda média *per capita*, nesse intervalo, ter mais do que dobrado (contando com a inflação). "Assim, em suma, os americanos têm mais dinheiro agora que há uma geração", escreveram os autores desse estudo, "mas, no geral, não estão mais felizes."

Na realidade, quando alguns economistas estudaram o extraordinário crescimento da riqueza nacional e individual na maioria dos países do Ocidente, nas últimas décadas, comprovaram que mais carros, melhores eletrodomésticos e casas maiores — são os indicadores mais comuns de prosperidade — não aumentavam o sentimento de bem-estar das pessoas. Apesar disso, ganhar mais, comprar mais e ter mais (e mais) parece ser uma preocupação de todos nós, como se, construindo um certo estilo de vida, conseguíssemos alcançar a felicidade que tanto buscamos; como se pudéssemos nos dar ao luxo de ignorar o quanto está aumentando a insanidade financeira em nossa vida.

Gastando tudo e mais um pouco

> "Eu tinha mais roupas do que armários, mais carros do que espaço na garagem, mas nenhum dinheiro."
> *Sammy Davis Jr.*, ator e cantor norte-americano

Em primeiro lugar, gostaria que este fosse visto como um livro sobre investimentos. Em vez de falar sobre ações e fundos mútuos, vou mostrar como investir o seu tempo, a sua energia e, principalmente, todo o seu dinheiro, no longo prazo, em sua felicidade pessoal, que é isenta de deduções, retenções e proporciona alta lucratividade. Exatamente o que, enfim, Heitor e Susana resolveram fazer, há uns dois anos.

A grande virada começou quando eles passaram a prestar atenção na sua qualidade de vida da mesma maneira como o investidor avalia o desempenho das ações de sua carteira de investimentos. Se gastar todo o seu tempo, sua energia e seu dinheiro na busca do sucesso não lhes proporcionava a qualidade de vida que tinham almejado, então o que proporcionaria? Eles sabiam quais eram suas prioridades: "Nós dois sabíamos que adorávamos a vida ao ar livre e adorávamos viajar... e trabalhar também", disse Heitor. O casal reconhecia ainda que não queria mais viver numa área urbana, além de também querer passar mais tempo junto. Tinha chegado o momento de investir seus recursos na vida que desejavam. Mas como?

Primeiro, compraram uma casa de campo que lhes permitiu experimentar o estilo de vida mais rural que desejavam aos fins de semana. O obstáculo seguinte consistiu em encontrar uma maneira de garantir sua subsistência fora da selva das corporações e suas metrópoles. Assim, os dois começaram a pesquisar maneiras de montar o próprio negócio naquela cidade do interior, para que se tornasse uma fonte estável de renda. Levaram mais de um ano pesquisando e discutindo seus planos antes de chegarem à idéia de montar uma fazenda para criar alpacas, um tipo de mamífero encontrado, sob domesticação, no sul do Peru e oeste da Bolívia; apresenta menor porte que a lhama, pelagem longa e lanosa e possui importância econômica. Estabeleceram uma parceria com uma empresa de marketing que divulgaria sua proposta junto a outros criadores de alpacas e essa decisão finalmente lhes trouxe a renda que pretendiam, com a qualidade de vida que buscavam, além de outros benefícios.

E quando olham para trás, para a vida acelerada e consumista que levavam, ambos reagem com a mesma aversão. "Caramba", diz Heitor, "eu nunca mais volto para aquela vida".

A questão não é gastar, mas como fazê-lo

Antes de continuar, quero comentar sobre o receio que você talvez venha a ter de que este livro pretenda dissuadi-lo de percorrer o desgastado caminho que leva ao pote de ouro e recomende que você renuncie a todos os seus bens materiais, passando a viver só do que a terra lhe der. Não vou lhe dizer que faça voto de pobreza, nem que construa um chalé de madeira, plante os próprios legumes e faça doações maciças ao Greenpeace — ou que comece a criar alpacas. Construir uma fazenda para criar alpacas não é a minha idéia de uma boa vida e pode não ser a sua também. Tudo bem. O ponto é que Susana e Heitor foram capazes de reinvestir seus bens numa forma de vida que para eles era recompensadora.

E é isso que você vai fazer, conforme prosseguir com a leitura deste livro.

Embora eu seja completamente favorável a doar mais dinheiro para causas ambientais e se afastar da busca individualista de um paraíso particular (se isso é o que funciona para você), jamais insistiria com alguém para que se desfizesse de todas aquelas belas coisas materiais que trazem conforto e prazer a nossa vida. A questão apenas é que, quando você só tem olhos para as *coisas* que o dinheiro pode comprar, perde de vista uma vida mais satisfatória, de horizontes mais amplos e elevados.

Não que isso seja exatamente uma grande novidade. Há milênios, líderes espirituais de todas as regiões e épocas do mundo vêm dizendo a mesma coisa: ir atrás só de dinheiro e das coisas materiais gera um sentimento persistente de vazio. Há hoje em dia uma avalanche de estudos científicos de economistas e psicólogos que comprovam essa sabedoria milenar. Esse vazio interior, entretanto, é o sentimento de muitas pessoas, dia após dia. Sentimos que ele nos deixa à mercê de impulsos que não enriquecem a nossa vida, mas como é difícil não se deixar levar pelo canto da sereia do materialismo: *ganhe mais, compre mais, e dessa vez você realmente será feliz.* Não estou dizendo que todos os prazeres materiais terminarão por fazê-lo naufragar nas rochas da autodestruição e da infelicidade, mas o que uma safra fartíssima de pesquisas parece indicar — e que muitos percebem intuitivamente — é que comprar tudo que a cultura de consumo nos oferece em suas esteiras intermináveis e incessantes *garante* nossa falta de sintonia com o que realmente conduz a uma vida mais feliz.

Não que dinheiro não faça diferença. Quando um melhor rendimento pode alavancar a vida das pessoas, tirando-as do patamar da pobreza, aumenta sua sensação de bem-estar. Mas as pesquisas comprovam que, assim que as necessidades básicas do viver são atendidas — quer dizer, ter um lugar decente para morar, alimentos suficientes e acesso a serviços de saúde —, mais dinheiro não melhora nem significativa nem necessariamente a qualidade de vida. Um estudo que chamou atenção constatou que, quando indivíduos de vários países, com diversos níveis de renda, foram solicitados a avaliar sua qualidade de vida, os que viviam em condições que muitos considerariam pobres, em Calcutá, situaram seu nível geral de contentamento em 4,6 numa escala de 1 a 10. Por sua vez, apesar de uma condição imensamente mais abastada, pelo menos em termos materiais, os norte-americanos avaliaram seu bem-estar em 5,8 — ou seja, apenas um pouco melhor que na Índia.

Por que pessoas vivendo num país empobrecido e "em desenvolvimento" se declaram quase tão contentes com a vida que levam quanto cidadãos de um país supostamente muito mais rico? Porque, como os estudos da psicologia, sociologia e economia têm demonstrado consistentemente, a felicidade verdadeira e duradoura não depende de quanto você tem e ganha, mas gira em torno de um tipo mais humano de capital, composto por vínculos com os outros, tempo para gozar a vida, saúde, interesses gratificantes e, para muitos, uma vida espiritual.

Em que consiste a felicidade

Há alguns anos, Daniel Kahneman, economista norte-americano e vencedor do Prêmio Nobel de 2002, conduziu um experimento em que pediu a cerca de 900 mulheres trabalhadoras que dividissem seu dia comum em segmentos, anotassem as atividades em que investiam seu tempo em cada segmento e indicassem aquelas de que mais gostavam. Por ordem de preferência, as seis coisas que mais deixavam aquelas mulheres felizes foram:

- Fazer sexo
- Manter um convívio social
- Relaxar
- Rezar/meditar
- Comer
- Exercitar-se

Essa pesquisa chamou muita atenção por alguns motivos. Em primeiro lugar, acho que todo mundo tem curiosidade de saber o que traz felicidade, tanto para si como para os outros. Depois, as respostas foram consideradas em geral excepcionalmente "comuns". "Dirigir meu carro de luxo" ou "passar o verão em Saint-Tropez" não apareceu no alto da lista. As atividades que aquelas mulheres mais acharam gratificantes estavam relacionadas a seus vínculos sociais e afetivos com os outros, consigo mesmas, com a dimensão contemplativa da vida e com seu bem-estar físico (e com comida; nada mau como fonte de prazer).

Sem dúvida, em certo sentido essa pesquisa era simples. Kahneman pediu que as mulheres se lembrassem do dia anterior, anotassem com quem tinham estado, as diversas atividades em que haviam se envolvido e como tinham se sentido enquanto faziam aquilo tudo. Elas poderiam ter dito qualquer coisa. No entanto, num nível espantoso, suas respostas confirmavam o que um número incontável de outras pesquisas sobre felicidade parece demonstrar: há alguns elementos nucleares na vida que nós, humanos, consideramos imensamente satisfatórios, independentemente de quem somos, onde vivemos e das nossas condições de vida atuais e passadas.

Há aproximadamente 2 500 anos, Aristóteles escreveu extensamente sobre o que constitui "uma boa vida". Segundo ele, a vida satisfatória tem muitas partes: "Bom nascimento, muitos amigos, bons amigos, riqueza, bons filhos, muitos filhos, uma boa velhice e também saúde, beleza, força, estatura elevada, habilidade atlética, e ainda fama, honra, boa sorte e excelência". Embora alguns desses elementos difiram da lista contemporânea citada antes, podemos ver que, até mesmo há 2 000 anos, o que definia a qualidade de vida não eram fatores assim tão diferentes.

E sabe o que mais? Os pesquisadores ainda estão tentando descobrir se como ganhar um milhão ou se acabar de tanto comprar num *shopping* pode entrar na lista.

O que pertence a essa lista, afinal? Nos próximos capítulos, examinarei por que tantas pessoas se dedicam tão intensamente a comprar coisas sem necessidade, explicando então como investir seu dinheiro, tempo e outros recursos num conjunto de bens nucleares que renderão ganhos muito maiores em termos de uma profunda sensação de bem-estar.

Embora variem amplamente as idéias de cada pessoa a respeito do que elas consideram uma vida gratificante, alguns elementos fundamentais são sempre os mesmos:

- Estar envolvido com a família, os amigos e a comunidade
- Ter mais tempo para si
- Desenvolver suas habilidades, interesses e talentos
- Diminuir o estresse financeiro
- Melhorar a saúde em todos os níveis
- Divertir-se mais (muito mais, espero)
- Garantir o futuro financeiro
- Encontrar maneiras prazerosas e significativas de se doar aos outros

> "Eu não fico questionando o tempo todo a minha razão de viver. É mais uma questão de ser. A verdadeira pergunta é o que você faz com a vida que está levando, e o que quer fazer com essa vida."
> *Mick Jagger*

Não existe nada surpreendente nessa lista, nem nada de novo, exceto, talvez, a noção radical de que não são escolhas filosóficas, mas financeiras. Por esse motivo, reservei algumas seções deste livro para ajudar o leitor a aperfeiçoar sua competência financeira básica. Se aprendi alguma coisa nesses anos todos em que escrevo sobre dinheiro — especificamente sobre os vícios financeiros das pessoas, seus passos em falso, fracassos e pontos cegos — é que criar uma saúde financeira constitui o alicerce de uma vida feliz. Por isso, embora uma boa parte deste livro trate de compreender o que traz felicidade, o resto diz respeito a cultivar hábitos financeiros que sirvam de base para sustentar as mudanças. Primeiramente, vou falar para onde vai seu dinheiro e por quê, e depois atacarei tópicos mais áridos, por exemplo, como se safar de dívidas e poupar para ter um futuro seguro, pois, em última instância, esses são elementos essenciais à felicidade.

À medida que você investir seus recursos numa espécie de vida mais recompensadora, ficará mais claro que, quando usa o dinheiro com sabedoria, você pode apostar que ele traz felicidade. O próximo capítulo mostra como montar um portfólio de investimentos que, por assim dizer, renderá uma vida mais feliz.

1 Seu portfólio da felicidade

"Existe uma enorme diferença entre ganhar muito dinheiro e ser rico."

Marlene Dietrich, atriz alemã

Você *realmente* sabe o que é melhor para você?

Durante séculos, os economistas basearam suas teorias na premissa de que o homem era um "agente racional", capaz de tomar decisões econômicas para o seu melhor lucro, a qualquer momento (eu sei, eu também ri muito quando soube disso).

Como pode confirmar qualquer um que já jogou no cartão de crédito uma viagem de férias mais do que cara, ou que gastou pelo menos uma parte do dinheiro do aluguel em roupas, nem os homens nem as mulheres podem ser considerados exemplarmente racionais quando se trata de tomar decisões econômicas. Você sabe o que quer e, mesmo assim, vai em frente e gasta o dinheiro em outra coisa. Basta dar uma olhada nas sucessivas informações sobre aposentadoria: pesquisas e mais pesquisas têm comprovado que as pessoas não estão poupando o suficiente para quando se aposentar e, mais do que isso, elas *sabem* que não estão poupando para sua aposentadoria. Apesar disso, qual é a maior preocupação das pessoas? Não ter dinheiro suficiente para viver quando estiverem aposentadas!

Essas incoerências não afetam apenas a qualidade de seus planos de futuro; elas parecem apontar para uma deficiência na maneira como os seres humanos foram projetados, quando se trata de pensar e agir a respeito de questões financeiras. Por isso é que tem importância estar consciente da contradição entre seus impulsos quando pensar em como usar o dinheiro para ser mais feliz. Vamos fazer um rápido e divertido exercício para que você possa enxergar o que quero dizer sobre algumas de suas escolhas relativas à sua qualidade de vida até o momento.

EXERCÍCIO

Custo de vida

Neste exercício você vai precisar apenas completar os espaços em branco com adjetivos, verbos, substantivos ou qualquer palavra. Acrescente onde precisar, improvise se sentir vontade, divirta-se, seja honesto e veja o que acontece. Tempo necessário: 2 minutos, se tanto.

1. Ganho a vida ____________________. Considero meu trabalho ______________.
2. Meu ideal de emprego/carreira seria ______________ ________.
3. Moro em um lugar __________, mas um corretor diria que _________.
4. Depois do trabalho, eu costumo _____________ e ____ ____________
5. Nos fins de semana, é comum eu __________________ e _______________.
6. As três coisas nas quais eu gasto mais dinheiro são ____________, ____________ e __________________.
7. Eu diria que os meus amigos são ________________; quando nos encontramos, costumamos ____________.

8. Minha família é ____________ e às vezes eu gostaria de poder ____________.
9. O que me faz perder o sono é ________________.
10. As três principais áreas às quais dedico meu tempo são ___________, ______ e ______________.
11. Minha vida espiritual consiste em ____________ e eu me sinto _________ que seja assim.
12. Às vezes, sinto que na minha vida falta __________.
13. Quando tenho um tempinho livre, costumo ________ ou ___________.
14. Minhas últimas férias foram _______________ e estava ______________.
15. Se eu pudesse mudar três coisas na minha vida seriam ____________, _________ e _____________.
16. Quando eu estiver com 80 anos, espero olhar para trás e ver que a minha vida foi ______________, ____ ________ e _______________.

O ideal é que este exercício faça-o sentir-se um pouco surpreso ou até mesmo incomodado. Ou que lhe ofereça um momento de clareza. Quando meu marido terminou de fazer este exercício como teste, largou a caneta e disse: "Bom, acabo de perceber que eu detesto o meu emprego". Ele já sabia disso, mas as perguntas do exercício de algum jeito ajudam a ver as coisas como se você estivesse no alto, olhando para elas ali embaixo. Assim, é possível perceber como se entrelaçam as suas várias escolhas dentro de seu estilo de vida, e se essas escolhas estão em sintonia com o que é mais importante ou valioso para você.

> "O que é o dinheiro? Um sujeito de sucesso é aquele que acorda de manhã e se deita à noite e, entre uma coisa e outra, faz o que gosta."
> *Bob Dylan*

Agora, uma vez que você começa a pensar como um investidor na felicidade, veja algumas perguntas que poderia se fazer (não é preciso escrever nada agora, apenas pare 1 ou 2 minutos para pensar nas respostas):

- O que surpreendeu você nas respostas que deu ao exercício?
- Você reparou se há alguma discrepância entre o destino de seus recursos e o que você mais considera satisfatório na vida?
- Quais as maneiras mais recompensadoras de usar seu dinheiro, seu tempo e sua energia, em termos de construir a sua felicidade?
- De que maneira você está usando seu dinheiro, seu tempo e sua energia e obtendo um péssimo retorno?
- Se fosse possível mudar uma coisa esta semana, talvez até hoje mesmo, para que se tornasse um melhor investimento em sua felicidade, qual seria?

A vida é rica: invista com bom senso

Pode parecer estranho pensar em seu bem-estar pessoal como um portfólio de investimentos, mas essa é uma metáfora bastante útil, pois, antes de qualquer coisa, lembra que você, investidor, detém um controle razoável sobre por que faz e onde faz seus investimentos. E, da mesma maneira como qualquer investidor do mercado financeiro tem ações de valores diferenciados em seu portfólio, acontece a mesma coisa com a sua felicidade. Administradores financeiros experientes geralmente sabem como alocar capital em algo sólido como títulos, ações de primeira linha ou fundos mútuos de larga cobertura, mas os investimentos precisos que escolhem dependem de cada indivíduo. Da mesma forma, em última análise, depende de você balancear seus bens a fim de otimizar a sua felicidade.

Afinal de contas, o modo como cada um define felicidade é uma questão extremamente subjetiva, para não dizer totalmente inédita, às vezes. É realmente surpreendente imaginar a infinidade de tipos de alegrias, prazeres, contentamentos e êxtases que cada um pode ter, até mesmo num único dia:

- O sabor delicioso do primeiro gole de café, de manhã
- A excitação de vencer um desafio
- A delícia de se deitar ao sol
- A sensação de vigor ao se exercitar
- A paz de ver uma criança dormindo
- A alegria de rir com os amigos até doer a barriga
- A satisfação de dar o seu melhor
- A felicidade de abraçar alguém que você ama
- O alívio refrescante de uma ducha, depois de suar bastante
- A realização de conseguir um emprego novo
- O bem-vindo alívio de saber que, graças a Deus, é sexta-feira

Cada um poderia acrescentar mais uma lista e tanto de itens, e eu também, mas a grande pergunta é: como você escolhe o tipo de felicidade no qual investir? Será que alguns investimentos são melhores que outros?

Bom, alguns realmente são. Milênios de experiência humana acumulada mais uma quantidade considerável de pesquisas montaram uma trilha bem visível de pedacinhos de pão para mostrar por onde é o caminho para a felicidade. E, na qualidade de sua consultora oficial em felicidade, descrevo a seguir as ações que recomendo como as mais importantes de seu portfólio. Nos próximos capítulos falarei mais detalhadamente sobre cada uma delas.

Ativo nº 1: Seu precioso tempo

As pessoas falam a respeito de quanto tempo gastam fazendo isto ou aquilo, mas quantas vezes você já parou para pensar no fator "gasto" dessa equação? No entanto, o modo como você gasta, poupa ou desperdiça tempo tem tanto impacto sobre sua qualidade de vida quanto o modo como você escolhe gastar seu dinheiro. O capítulo 3 trata das escolhas conflitantes que você pode fazer a fim de solucionar a questão do tempo perdido e investir numa vida mais feliz.

Ativo nº 2: Seus recursos pessoais

Quando falava sobre felicidade, Aristóteles usava o termo grego *eudaimonia*, que não se refere à aparência exuberante que nós, modernos, associamos a estar feliz, mas, sim, a uma vida bem vivida. À íntima satisfação que conquistamos, quando damos o nosso melhor e fazemos o máximo possível com os nossos talentos. Atualmente, o campo da psicologia positiva vem produzindo numerosos estudos sobre o imenso beneficio de estarmos envolvidos em atividades que expandem os limites do nosso ser. Com uma abordagem mais ativa e positiva em relação à nossa vida e objetivos existenciais, é possível elevar substancialmente seu quociente de felicidade. Investir em si mesmo é o assunto do capítulo 4.

Ativo nº 3: Sua saúde

A maioria das pessoas acha que ter boa saúde é algo positivo em si. Investir em sua saúde como meio de incrementar seu bem-estar total ainda é uma idéia relativamente nova, mesmo que a ciência endosse a conclusão bastante óbvia de que pessoas sadias são mais felizes. O capítulo 6 mostra como pequenos investimentos constantes em sua estrutura física são um fator-chave para o desempenho geral de seu portfólio. (Além disso, cultivar preventivamente o bem-estar físico significará menos despesas no longo prazo e esses dividendos poderão ser usados em outros investimentos em sua qualidade de vida.)

Ativo nº 4: Controle financeiro

Para muitas pessoas, preocupar-se com dinheiro se tornou um meio de vida, e agora os cientistas estão correlacionando a persistente angústia financeira com alguns sérios transtornos físicos e mentais. Não espanta que seja tão importante aprender a administrar melhor o seu dinheiro para investir na obtenção de uma saúde financeira consistente. Nos capítulos 3, 7, 8 e 9 vou mostrar como se desvencilhar de maus hábitos financeiros, vencer débitos, adquirir mais paz de espírito para si próprio e assumir o controle de seu futuro. Se você se sente eufórico só de pensar na possibilidade de uma vida financeira sem estresse e bem organizada, sabe que esta é uma parte vital do seu portfólio da felicidade.

Ativo nº 5: Diversão mútua

Você nem precisa que eu ressalte toda a importância de se desenvolver uma vigorosa estratégia de diversão. (E não é necessário assistir *O iluminado* para saber que "só trabalhar, sem nunca se divertir" realmente não funciona para ninguém, afinal de contas.) No capítulo 10, falaremos do importantíssimo setor da diversão e das inúmeras maneiras pelas quais se divertir pode melhorar o desempenho geral do seu portfólio. Vou também apresentar alguns resultados revolucionários do meu Levantamento Nacional Altamente Não-Científico sobre Diversão.

Ativo nº 6: Seus relacionamentos

Os cientistas ficam discutindo sobre se as pessoas mais felizes são ou não mais propensas a ter uma vida social mais ativa, ou se são relações sociais mais vibrantes que nos tornam mais felizes.

É possível ver a questão de um jeito ou de outro, mas uma coisa é indiscutível: somos pessoas que precisam de pessoas. É alta a correlação entre ter amigos, fazer parte de uma comunidade e/ou de uma família unida, e ser feliz. Também são evidentes os benefícios do casamento no longo prazo.

Isso não quer dizer que você tem de vencer um concurso de popularidade ou se jogar num romance com alguém só para tentar ser mais feliz. Mas investir mais nas pessoas que são mais importantes para você é um fator essencial quando se quer ter uma vida satisfatória. Mais a respeito no capítulo 11.

Ativo nº 7: Doar para se sentir bem

Doar tempo e dinheiro para ajudar outras pessoas é sempre apresentado como o melhor a fazer. Hoje, os cientistas defendem a tese de que a doação proporciona numerosas dádivas também a quem doa: cultiva e fortalece os laços sociais, enriquece a vida, melhora a saúde e até mesmo estende a longevidade. É como descobrir que comer espinafre realmente nos transforma em heróis, embora eu prometa que no capítulo 12 não farei nenhuma menção a comer todos os legumes do seu prato.

A escolha do investidor

Então quer dizer que você deve investir nessa "frente única" de ações de felicidade ou correr o risco de uma vida de pouco retorno? De jeito nenhum. Essas são as áreas que os pesquisadores identificaram como aquelas que mais contribuem para a satisfação e a qualidade de vida. Somente você pode decidir como quer investir nesse seu portfólio. No mundo financeiro, as pessoas usam diversos métodos para determinar como alocar seus ativos, e o mesmo parece ser verdadeiro a respeito do bem-estar: como você prefere alocar os *seus* recursos se baseará em numerosos fatores de sua vida.

Tempos atrás, participei de um simpósio sobre Economia e Felicidade da Universidade do Sul da Califórnia. Lá conheci Mariano Rojas, economista da Universidade das Américas em Puebla, México, cujas pesquisas endossam a idéia de que a felicidade é, por assim dizer, uma mistura de diferentes títulos.

Rojas pesquisou 579 pessoas em cinco regiões do México, avaliando seu bem-estar geral e depois fazendo perguntas sobre seu nível de satisfação em várias áreas da vida: trabalho e carreira, família e comunidade, saúde e assim por diante. Como muitos outros economistas, descobriu que algumas áreas têm um impacto maior sobre o grau de contentamento das pessoas com sua vida; por exemplo, uma vida familiar gratificante foi um fator-chave em termos de satisfação geral com a vida, ao passo que o trabalho não parecia ter um impacto tão grande. Mas Rojas também constatou que é possível aumentar o teor de sua felicidade individual investindo mais naquelas áreas que para você terão maior impacto, e menos nas outras. "Desse modo, a pessoa muito insatisfeita em seu âmbito familiar, mas satisfeita em termos econômicos, pode se beneficiar mais de melhoras em sua vida familiar do que em suas atividades econômicas", disse Rojas.

O ponto que ele esclarece é que nós não precisamos investir nas mesmas coisas, mas, antes, que a maneira como as pessoas preferem investir em sua felicidade "depende de suas circunstâncias particulares". Se você tem boa saúde e uma vida doméstica feliz, não precisa investir mais nesses setores. Em vez disso, como um investidor astuto, vale mais a pena dar atenção àqueles setores de seu portfólio que não estão trazendo o retorno que você gostaria. Talvez precise se divertir mais, diminuir o estresse, passar mais tempo com os amigos, dedicar mais tempo a si próprio.

O essencial a ter em mente, durante a leitura deste livro, é que "alegria", "satisfação" e "felicidade" não são apenas noções abstratas agradáveis: investir num modo de vida mais feliz requer tomar novas decisões a respeito de como você gasta seu dinheiro e seu tempo.

Durante anos, Elen e Peterson não tinham como bancar nada além do estilo de vida que já levavam. Os dois trabalhavam em período integral. O que ganhavam permitia que tivessem uma boa vida, mas, diante do estresse cada vez maior que cada um suportava em sua rotina, essa era uma sensação que estavam perdendo de vista. "Estávamos esgotados emocional, mental e fisicamente, e eu sofria de todos os tipos de distúrbios de saúde que só iam ficando pior em razão do modo como vivíamos", disse Elen. "Peterson ficava exausto por dirigir duas horas para ir e voltar do trabalho todos os dias. Ele chegava em casa por volta das 20h, nossa filha ia dormir às 20h30 e isso era o nosso dia."

Como muitas pessoas, durante anos os dois se debateram em busca de uma saída diante de tantas pressões. Talvez fosse o caso de Elen largar o emprego, ou só trabalhar meio período; talvez eles conseguissem viver com menos dinheiro. Mas, como todos nós sabemos, é difícil fazer uma mudança enquanto a roda da vida continua girando sem parar, levando a gente de roldão. Então, Peterson recebeu uma proposta de emprego em outra cidade, e esse fato tornou-se o evento catalisador de que o casal precisava para investir num novo modo de vida.

Agora, Peterson estava a dez minutos do trabalho. Elen não estava certa do que aconteceria quando saísse do seu emprego, mas, afinal, seus chefes se mostraram dispostos a experimentar um esquema de prestação de serviço a distância. Então, o que ela temia que fosse ser um salto no abismo do desemprego terminou se mostrando um suave passo de transição para trabalho por comunicação eletrônica, embora com salário menor. "Comecei trabalhando apenas 24 horas por semana, com uma substancial redução no salário", ela disse, "mas tem valido a pena".

Será que ela e o marido tiveram de cortar itens do seu orçamento, cuidar mais de como gastavam, tomar cuidado com seu dinheiro? Claro que sim, mas muito menos do que receavam. Apesar de agora estarem ganhando menos, no geral, como estavam com mais tempo para se dedicar a uma vida nova e mais sadia, ambos se revelaram administradores financeiros melhores. "Antes nem tínhamos energia para isso", admite Elen.

Além disso, embora tivessem deixado de faturar alto, o que ganharam ao tornar seu tempo o investimento de maior prioridade é algo que não tem preço. Elen diz: "Não me sinto mal quando acordo de manhã. Naquela outra vida, eu nunca podia *não* funcionar. O nosso casamento também melhorou porque não estamos mais tão estressados e paramos de 'bater boca' por qualquer coisa".

E, naturalmente, Elen passa muito mais tempo com a filha, que continua crescendo rapidamente. Agora ela a acompanha a pé até a escola, vão juntas ao zoológico, mas, principalmente, ela está ali, simplesmente... "No verão passado, eu estava por perto, enquanto ela e os amiguinhos brincavam com bexigas d'água no nosso jardim. E então eu pensei: 'Isso é o máximo; ficar aqui com essas crianças vale toda a metade do salário que eu larguei para trás'".

E no papel, você é mais feliz?

Como Peterson e Elen, a maioria das pessoas fica tão preocupada em dar conta do mês que a idéia de conscientemente investir dinheiro para ter uma vida mais feliz se perde no meio do leque de contas a pagar, dos horários de refeição, do carro que precisa de conserto e de ainda arrumar tempo e dinheiro para se divertir de vez em quando. É difícil imaginar que seja possível fazer escolhas financeiras significativamente diferentes quando mal conseguimos arcar com a vida que levamos. Quanto vai custar ter uma vida mais feliz? Veja o exercício seguinte, que talvez lhe ofereça uma nova perspectiva sobre o lado financeiro das decisões sobre sua qualidade de vida.

EXERCÍCIO

Você sabe onde está o seu dinheiro?

Você vai precisar de uma folha de papel e uma caneta ou lápis. Tempo necessário: cerca de 6 minutos.

1. Um minuto: faça uma lista das coisas que deixam você feliz. Eu sei, parece um pouco as antigas leituras da escola primária sobre "as minhas coisas favoritas...", mas não leve tão a sério. Deve ser mais

divertido. Pôr-do-sol, pudim de leite, viajar, conversar com o melhor amigo, assistir aos filhos jogando futebol, ganhar aquela peça no leilão da internet... Apenas faça uma rápida anotação de todas as pequenas e grandes coisas que lhe trazem ou já trouxeram felicidade.

2. Dois minutos: sem pensar muito, anote tudo que puder lembrar a respeito de como gastou seu dinheiro nas duas últimas semanas. Não precisa se lembrar de cada cafezinho, nem de quantas vezes encheu o tanque. Se pagou a conta do telefone, mas não se lembra exatamente quanto foi, anote um valor arredondado. Se saiu para jantar com os amigos, comprou um terno novo ou um presente, anote um valor que lhe pareça a melhor estimativa. Dica: não precisa procurar nenhum comprovante de pagamento na carteira ou na bolsa. Apenas anote valores aproximados.
3. Agora, leia de novo a lista do que lhe traz felicidade e coloque um sinal monetário ao lado dos itens que custam dinheiro.
4. Leia novamente a segunda lista e observe quais gastos estiveram associados a coisas que deixam você feliz, por exemplo, ir ao cinema. (Mesmo que você já tenha pressentido aonde este exercício pretende chegar, é muito importante completar todas as perguntas.)
5. No gráfico a seguir, você tem duas barras. Uma é para representar sua renda líquida no mês passado, qualquer que tenha sido esse valor. Ao lado da barra à esquerda, desenhe outra para representar a por-

ção aproximada de sua renda mensal que cobriu as despesas da segunda lista.

6. Ao lado da barra dos rendimentos à direita, desenhe outra para representar a porção de sua renda no mês passado que você gastou com tudo que lhe proporcionou momentos felizes.

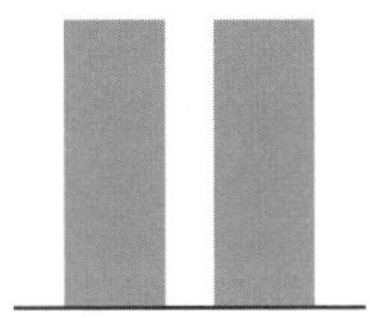

Embora esse exercício não analise como você gastou cada centavo — nós faremos isso mais adiante —, serve como um instantâneo trunfo de sua estratégia de alocação de recursos, até o momento. Dinheiro pode comprar felicidade, sim, mas somente quando você começar a reavaliar onde está colocando seus recursos financeiros e por quê.

Eis algumas perguntas a serem feitas sobre seus hábitos e pressupostos financeiros:

- A maioria das pessoas acredita que gasta seu dinheiro basicamente para cobrir os aspectos essenciais de sua vida ou para adquirir aquilo que é importante. O que você enxerga quando analisa sua relação de despesas?
- As pessoas costumam dizer que gostariam de gastar mais dinheiro desfrutando a vida, mas que não podem arcar com isso. Quando analisa a relação dos itens que fazem

você feliz, acha que isso é verdade ou é capaz de se imaginar investindo mais dinheiro nessas atividades?

- Você reparou se há alguma coincidência entre sua lista de coisas que trazem felicidade e os sete ativos citados neste capítulo, que recomendo que façam parte do núcleo mais importante do seu portfólio pessoal?
- Os consultores financeiros geralmente usam gráficos "em *pizza*" para apresentar a composição dos ativos de um portfólio. Tente fazer seu próprio gráfico "em *pizza*" de suas "alocações em felicidade". Você pode usar os ativos listados antes, além de outros que lhe sejam especiais. Repare nas áreas em que gostaria de investir mais do que está fazendo atualmente.

Agora, você está chegando no termo financeiro da equação. No próximo capítulo, falaremos mais sobre os poderosos fatores que desorientam a nossa vida financeira e consideraremos maneiras bem simples de começar a pôr mais dinheiro nos setores onde a felicidade está.

2 Não se dê tantos presentes

"O mundo está demais em nós. Cedo e tarde, ter e gastar desperdiçam nossas energias."

William Wordsworth, poeta inglês

Como disse no capítulo anterior, parece que nós, humanos, sofremos de um defeito essencial quando se trata de fazer uma relação entre dinheiro e felicidade. O problema não surge tanto nas coisas que compramos, mas em nossa expectativa a respeito do quanto nossos bens materiais realmente poderão melhorar a qualidade de nossa vida.

Há muitos anos, Samuel, hoje com 60 anos, era tenente do Exército, vivia com sua esposa e uma filhinha ainda bebê. A vida era boa, mas ele sabia de uma coisa que a tornaria perfeita: um Jaguar XKE, "o carro mais lindo que já fabricaram", segundo ele. "Sempre pensei que, se tivesse um XKE, eu ficaria completamente feliz. Então, finalmente um dia eu disse que ia me dar esse Jaguar de presente!"

Como ele não podia comprar um novo, começou a procurar o mais perfeito XKE "usado" que pudesse achar. Samuel se lembra de ficar lendo os classificados sem parar, até que encontrou a oferta que queria e comprou o carro. No princípio, era tudo com que tinha sonhado: macio, elegante, luxuoso. Ele realmente não poderia ter ficado mais feliz. Esposa, filha, um Jaguar XKE — o que mais um sujeito podia querer da vida? Mas logo essa alegria começou a murchar. De fato, daí a pouco ele estava dizendo: "Aquele carro me deixou maluco. Era temperamental e sua manutenção custava uma fortuna; assim que consertava alguma coisa, quebrava outra".

A manutenção constante do carro deixou-o irritado e acabou interferindo em seu casamento. (Um dos problemas, por exemplo, foi quando sua esposa o encontrou esfregando obsessivamente as calotas na banheira.) O que mais desanimava, porém, não eram os cuidados, mas sim que uma aquisição tão dispendiosa pudesse ser tão decepcionante. Tinha sido um enorme investimento financeiro que não estava rendendo a espécie de permanente aura dourada de satisfação que ele tinha esperado ver sempre brilhar. Finalmente, vendeu o Jaguar e se viu diante de uma lição que nunca esqueceu. "Aquilo me ensinou que bens materiais nem sempre proporcionam felicidade", disse Samuel.

Duvido que você esteja surpreso com a constatação de Samuel. A maioria das pessoas poderia ter-lhe dito, antes que comprasse o carro, que ele só iria alegrá-lo muito pouco. Entretanto, não importa quantas vezes possamos repetir essa verdade nua e crua para nós mesmos — "Olha, esse carro novo/computador de última geração vai me deixar *tão* feliz" —, não parece diminuir a nossa ânsia constante por coisas maiores, melhores, mais brilhantes, mais rápidas, nem a fantasia de que em algum ponto da cadeia de compras a gente finalmente vai encontrar aquela última coisa que nos fará sentir completos.

Talvez você seja uma dessas almas iluminadas que sempre enxergou o materialismo sem ilusões. Se este é o caso, receba meus parabéns, mas, como alguém que também consome, continuo um pouco cética. E digo por quê.

Há aproximadamente quarenta anos, o norte-americano Richard Easterlin, economista da Universidade da Califórnia do Sul, foi um dos primeiros a estudar os desejos materiais das pessoas e como elas se sentiam ao alcançar suas metas. Suas pesquisas mostram que, para milhares de norte-americanos, ter uma boa vida é possuir um belo carro, piscina, casa de praia ou campo, e assim por diante. Embora essas pessoas de fato possuíssem apenas 1,7 dos itens desejados, achavam que tê-los (numa média de 4,4) significaria garantir uma vida satisfatória.

Isso parece razoável. Nós não temos mesmo tudo que queremos, mas temos certeza de que, quando conseguirmos chegar lá, ficaremos satisfeitos. No entanto, quando Easterlin estudou as mesmas perguntas vários anos depois, descobriu que, embora em média as pessoas agora possuíssem 3,1 dos bens desejados, não acreditavam que teriam a chamada boa vida enquanto não tivessem 5,6.

Podemos ver como o ímpeto "subliminar" para adquirir mais e mais se transforma num rolo compressor consumista, não porque as coisas que queremos sejam ruins, mas porque as associamos a um resultado impossível: o de que certas posses efetivamente garantam nossa felicidade.

O que confunde é que o fato de ter e comprar realmente é empolgante. É uma parte normal, natural, da vida, uma das coisas que nos fazem sentir melhor, enquanto estamos vivendo o tempo que nos foi permitido neste planeta. Mas surgem problemas quando o momentâneo fator de animação perde a graça e o instinto natural é querer recuperar de alguma maneira aquela sensação de se sentir bem. Assim, você sai atrás de um próximo objetivo, acreditando que, se ficar mais satisfeito com o dinheiro gasto, talvez desta vez a sensação dure.

> **"Depois de algum tempo, você pode perceber que ter não é assim uma coisa tão agradável quanto querer. Isso não tem lógica, mas muitas vezes é verdade."**
>
> *Senhor Spock*, um dos personagens de *Jornada nas estrelas*

Infelizmente, o dinheiro só pode resolver a questão desse contentamento por pouco tempo, e bem depressa você se torna escravo do que os pesquisadores apelidaram de "trator do prazer", essa busca incessante por *mais e mais* que alimenta nossa vida, domina nossos pensamentos e causa uma terrível erosão em nossa qualidade de vida.

A grama *sempre* é mais verde

Por quê? Porque as pessoas têm uma capacidade inacreditável para se adaptar a praticamente qualquer circunstância, positiva ou negativa, com poucas mudanças em sua sensação geral de bem-estar. Até mesmo pesquisas com pacientes de câncer e paraplégicos têm mostrado que aquelas pessoas que quase todos considerariam deprimidas ou sofridas, na realidade se dizem tão felizes quanto os ditos saudáveis, porque se adaptaram à sua vida. Claro que uma calamidade como uma morte súbita, um divórcio ou a perda do emprego pode ser traumática e não é algo a que você possa se adaptar rapidamente. Mas o grosso das experiências humanas, *especialmente quando se trata da maioria dos ganhos materiais ou financeiros,* surte um efeito surpreendentemente breve no nosso estado geral de felicidade.

Infelizmente, não é nisso que a maioria acredita. Talvez você tenha sentido a trepidação do "trator do prazer" depois de um banho de loja no *shopping,* sábado à tarde, ou ao terminar a reforma da cozinha, ou depois de se presentear com um terno sob medida inteiramente feito à mão, ou um relógio moderníssimo. Não que essas coisas não dêem prazer. Provavelmente, logo no início você ficou muito empolgado. Mas, em pouco tempo, essa excitação toda desaparece, a vida volta ao normal, você continua "batendo boca" com ela, seu chefe é um atraso de vida, você ainda não perdeu aqueles três quilos. Então, começa a caçada pela próxima grande aquisição e lá vem o trator de novo.

Eu me recordo de quando ganhava um pouco menos de 1 500 dólares por mês, em meu primeiro emprego como recém-formada. Lembro-me de ter dito para um colega que, se pelo menos conseguisse 2 500 dólares, ficaria completamente feliz e teria tudo de que precisava.

Alguns anos depois, quando eu estava então ganhando os tais 2 500 dólares, percebi que o que eu precisava era de mais ou menos 4 mil dólares por mês, o que parecia muito razoável. A vida era difícil com aqueles míseros 2 500 dólares. Apenas me dêem mais 1 500 dólares e meus problemas todos desaparecerão!

Então, quando eu já estava nos 4 mil dólares (tudo isso realmente aconteceu), ficou claro para mim que eu precisava de no mínimo 6 500 dólares para tudo ficar bem, mas percebi que 10 mil dólares mensais era o que *verdadeiramente* me proporcionaria a vida que eu queria, dando toda a cobertura necessária contra as incertezas e finalmente resolvendo todos os problemas que ainda estivessem pendentes.

Essa espiral ascendente que não tem fim parece evidente agora, mas custou-me vários anos até eu me dar conta de que estava presa no modelo "Precise Mais", que define a vida moderna.

O poder subliminar do dinheiro

E como é que você escapa da rodinha do *hamster* de ter e gastar, e começa a investir para ter uma vida mais feliz? Essas escolhas não acontecem da noite para o dia. Não é possível telefonar para o seu corretor de valores e dizer: "Quero que você compre umas ações da felicidade e se livre de toda essa tralha acumulada, pode ser? Essa coisarada toda não vai me levar a lugar nenhum". Ah, se fosse assim tão simples...

A fim de desviar seu foco de ter coisas para poder investir mais em viver, é útil entender um pouco das poderosas dinâmicas internas e externas que talvez estejam influenciando como e por que você investe os recursos que tem.

Dinheiro e cérebro

Alguns cientistas lançaram a hipótese de que adquirir dinheiro e bens desencadeia um tipo de onda de dopamina no cérebro semelhante à do vício. Isso pode ser um dos motivos pelos quais é difícil para as pessoas pararem de ir em busca da próxima emoção com um novo objeto material. Outros pesquisadores comprovam que, do ponto de vista evolutivo, o ser humano é altamente treinado para competir pela maioria dos bens disponíveis e pelos melhores entre eles. Essa contínua comparação com quem está ao lado, que todos conhecemos e detestamos, contribui para o que Daniel Gilbert, psicólogo de Harvard, denominou "o ciclo do desejo equivocado", porque as pessoas se sentem instigadas a investir em coisas que não irão torná-las felizes, em vez de fazê-lo nas que lhes proporcionarão felicidade.

Dinheiro e competição

A maioria das pessoas se esforça para alcançar o equilíbrio, mas, como todos nós sabemos, trata-se de uma luta constante — que nem é tão nova assim. Com a publicação de *A teoria da classe ociosa* (Nova cultural, 1988) em 1899, o economista Thörstein Veblen cunhou a expressão "consumo ostensivo" para descrever um fenômeno que vai parecer tão contemporâneo quanto as matérias da revista norte-americana *In Style*. Consumo ostensivo não significa comprar as coisas necessárias, mas sim aquelas que servem de símbolo de seu poder aquisitivo, de sinal para os demais de que você alcançou um certo nível de riqueza. Atualmente, o consumo ostensivo evoluiu para uma forma ainda mais agressiva de autopromoção que chamo de "consumo competitivo". Refere-se ao desejo de ter coisas que não apenas exibam seu poder de compra, mas também sua capacidade para suplantar qualquer coisa que o vizinho tenha acabado de comprar.

Materialismo e seu vizinho

Como mencionei no capítulo anterior, somos todos vulneráveis às influências financeiras e materiais do ambiente em que vivemos — em resposta ao que os veículos de comunicação e a propaganda apregoam incessantemente. Porém, por mais que você queira acreditar que está no controle de seu comportamento, é importante estar ciente do impacto que o comportamento alheio pode exercer sobre suas decisões de "investimento", quer você saiba disso, quer não.

> "Nunca queira se igualar aos outros.
> Faça com que se rebaixem até o seu nível.
> Sai mais em conta."
> *Quentin Crisp*, escritor e ator inglês

Essa pérola foi extraída de um artigo que li a respeito do fenômeno da automatização, essa fascinante e desanimadora propensão humana a imitar o que está acontecendo à nossa volta. Uma pesquisa revelou que, quando as pessoas eram instruídas a executar alguma tarefa na presença de um observador que, por exemplo, ficava coçando o rosto o tempo todo, os sujeitos também começavam a coçar o seu, mesmo que depois não tivessem a menor idéia de que o tique dessa pessoa tinha sido "contagioso". Outra pesquisa comprovou que, quando as pessoas apenas foram expostas a uma série de palavras associadas com idosos, elas se comportaram de maneira semelhante a eles (por exemplo, caminhando mais devagar e até se mostrando esquecidas), novamente sem perceber que tinham sucumbido a uma série de instruções, digamos assim, "embutidas".

Logo, não é difícil imaginar o impacto que sofrem seus desejos financeiros quando você passa vinte minutos ouvindo a amiga contar suas últimas loucuras de compras no *shopping*, seu mais novo superaparelho de som, ou é convidada a dar uma volta no seu mais recente carro zero-quilômetro, todo personalizado e completamente equipado.

A inflação das suas expectativas

Portanto, embora possa parecer óbvio que o fato de comprar menos lhe proporcionará recursos extras para investir num estilo de vida mais feliz, todo dia você tem de cruzar espadas e se defender de ataques fulminantes contra sua saúde financeira, incluindo a contumaz inflação de suas expectativas a respeito do que consiste a vida "normal", "da maioria".

Vejamos o tamanho médio da nova residência de uma família norte-americana. No início dos anos 1970, era de cerca de 140 metros quadrados. No início de 2005, o tamanho médio de residências para famílias tinha aumentado para 223 metros quadrados e, com isso, também ficaram mais altas as expectativas das pessoas a respeito do tamanho "médio" que uma casa deve ter e das dependências especiais e facilidades que deve conter, segundo o norte-americano Gopal Ahluwalia, vice-presidente de pesquisa da Associação dos Construtores de Residências dos Estados Unidos.

O que antes era de alto padrão agora é o "novo normal" para os donos de imóveis residenciais, diz Ahluwalia, que exemplifica: na suíte principal, *closets* privados para ele e para ela, grandes o bastante para darem alguns passos ali dentro, e na cozinha, ilhas centralizadas com todos os aparatos da mais moderna tecnologia culinária, além de garagem para três carros. (As pessoas não querem garagem para três carros porque têm três carros, explicou, mas porque querem garantir espaço suficiente para guardar todas as coisas excedentes.)

E não é que as casas tenham ficado maiores porque aumentou o tamanho médio das famílias. Ahluwalia diz que, nos últimos 35 anos, esse tamanho diminuiu de 3,58 pessoas para 2,11. Isso, entretanto, não impediu que as pessoas continuassem gastando muito mais dinheiro num estilo de vida exacerbado, mesmo que não possam custeá-lo. Não espanta que os norte-americanos estejam padecendo de uma epidemia de endividamento e falências como nunca antes se viu.

Se maior sempre fosse melhor...

Como combater a multiplicidade de forças que influem em como você gasta seu dinheiro e leva sua vida? O primeiro passo consiste em se familiarizar com as alegrias do "consumo discreto".

O consumo discreto não consegue muito tempo de veiculação, não aparece nas liquidações de *megastores*; os hipermercados não têm em suas gôndolas grossos tubos desses itens a preços promocionais. Os prazeres menos tangíveis da vida raramente têm o mesmo poder de fascinação que as coisas materiais, muito embora ofereçam maior satisfação. Os ativos centrais do portfólio da felicidade que listei no capítulo anterior baseiam-se todos no consumo discreto, em gastar menos e viver mais.

EXERCÍCIO

Seu dinheiro e/ou sua vida

Para ilustrar o contraste entre os desejos materiais ostensivos e os discretos, o economista Robert Frank, da Universidade Cornell, criou uma série de experimentos com idéias (veja a seguir). As perguntas se baseiam no modelo de Frank, que você pode conhecer em *Luxury Fever* [A febre do luxo], seu excelente livro a respeito da insanidade desenfreada do materialismo. Não há respostas certas; somente leia cada item e pense a respeito.

1. Se você pudesse morar numa casa de 370 metros quadrados e ter uma semana de férias por ano, ou

viver numa outra de 30 metros quadrados e ter um mês de férias, qual escolheria?

2. Se você tivesse um emprego para ganhar 20 mil reais por ano, mas só pudesse ver seus amigos uma vez por mês, ou um que pagasse 5 mil reais, mas permitisse estar com os amigos todas as semanas, qual você escolheria?
3. Se você pudesse comprar uma casa nova de 280 metros quadrados por 400 mil reais, ou uma casa mais antiga do mesmo tamanho, só necessitando poucos reparos, pela metade do preço (e pagamentos mensais compatíveis com seu orçamento), qual escolheria?
4. Se lhe oferecessem um emprego no mais alto grau da hierarquia de sua profissão, mas que só lhe permitisse estar com seus filhos poucas horas por semana, ou um outro de menor prestígio, mas que lhe garantisse horários mais flexíveis, qual escolheria?

Essas indagações dão um nó em nossas idéias, devido à sua possibilidade de nos fazer lembrar que muitos pressupostos que norteiam nossas vidas — como o de que uma casa maior ou um emprego melhor sempre são a escolha mais desejável — pode não atingir de verdade o alvo do que queremos. Na realidade, seria bastante sensato considerar que as alternativas podem se revelar escolhas muito mais favoráveis a uma qualidade de vida altamente satisfatória.

Há alguns anos, Erick e Daiane, um casal de 30 e poucos anos, parecia o par de garotos-propaganda do consumo ostensivo, desde sua casa de quatro quartos num belo bairro do interior de Chicago a um fulgurante Subaru.

Mas não eram felizes. Os dois sentiam falta de morar na cidade em que tinham cursado a faculdade (e onde ainda viviam muitos de seus amigos). Achavam extremamente cansativo cuidar de sua casa e do jardim enormes. Erick detestava perder tanto tempo no percurso entre sua casa e o trabalho. Então, fizeram o inverso daquilo a que tantas pessoas aspiram: venderam a casa, o carro e voltaram para o centro da cidade. "Nós nunca nos sentimos à vontade morando naquela casa", confessa Daiane. "Não era de jeito nenhum a vida que queríamos. Era muito isolado. E para que precisávamos de todo aquele espaço?" Como puderam perceber, gastar seu dinheiro numa casa menos vistosa e numa cidade mais culturalmente rica e repleta de amigos fazia muito mais sentido para eles.

Erick e Daiane não foram viver a realidade frugal da vida na fazenda, pois isso os teria deixado infelizes. Na realidade, acabaram não gastando menos. Mas decidiram investir seu dinheiro de uma maneira menos ostensiva que, isso sim, era capaz de deixá-los visivelmente mais felizes.

Em vez de uma hora para ir e voltar de casa ao trabalho, agora Erick leva 15 minutos para chegar ao escritório, e com isso tem mais tempo para se dedicar à sua atividade paralela de *designer* gráfico e à família. A pré-escola do filho fica perto o bastante para irem a pé e o casal se alterna para acompanhar a criança até lá. Se precisam de um carro, alugam. O casal tem fácil acesso a restaurantes, museus, uma quantidade incontável de eventos culturais e estão mais regularmente com os amigos.

Isso é consumo discreto e, basicamente, é no que se baseia o portfólio de sua felicidade. O mais importante princípio financeiro em atuação aqui é comprar menos bens materiais e, assim, poder investir nos prazeres mais duráveis da vida. Mas, para isso, você precisa ter em mãos as rédeas de suas finanças, saber aonde vai o seu dinheiro para depois decidir se é nessa direção que você realmente quer que ele vá.

Siga o dinheiro: você vai gostar de ter feito isso

De acordo com minha experiência, muitas pessoas — até algumas muito bem-sucedidas — têm apenas uma vaga idéia de como gastam seu dinheiro durante o dia, mês ou ano. E a maioria detesta elaborar e manter atualizada uma planilha de gastos. Isso porque acompanhar de perto o rumo de suas finanças não é uma tarefa agradável e, principalmente, nunca sabem o que podem vir a encontrar.

Entretanto, a realidade é que, se você quiser elevar a qualidade de sua vida, vai precisar assumir o controle do seu dinheiro, de modo que algum tipo de supervisão se torna necessário. Portanto, vamos tornar a coisa simples: em vez de pedir que todo dia anote seus gastos, gostaria que você começasse a registrar onde os seus gastos estão sendo investidos na busca da felicidade.

Em muitos sentidos, usar um gerenciador de finanças é o caminho mais rápido para acompanhar o trajeto do seu dinheiro. Você pode encontrar vários desses programas disponíveis para baixar na internet e, assim, facilitar o controle de sua vida financcira.

> "Dinheiro é como um braço ou uma perna:
> use ou perca."
> *Henry Ford*, em entrevista para *The New York Times*
> (8/11/1931)

Se você tem paciência para isso, outro método para rastrear dinheiro consiste em ler atentamente os extratos bancários e de cartão de crédito, revendo cada fatura já quitada, cada crédito ou débito (apesar de esse controle não identificar onde foi parar aquele dinheiro que você sacou no caixa eletrônico).

Para mim, nada substitui andar o tempo todo com um envelope na bolsa, pasta ou mochila, no qual guardar cada um dos tíquetes e recibos que você recebe, todos os dias, durante um mês. Mantenha uma caneta à mão para poder anotar rapidamente despesas não rotineiras sem comprovante, que podem ser algumas contas ou o passe de transporte público ou a taxa de um estacionamento.

Você também pode fazer alguma combinação das estratégias descritas acima: use um gerenciador de finanças para todas as suas transações bancárias; use o envelope para rastrear o destino do dinheiro que sacou; faça verificações cruzadas de extratos. Ou, se pedacinhos de papel deixam você de cabelo em pé, mantenha atualizado um caderno de despesas detalhadas e deixe os comprovantes de lado. O importante é: seja qual for o melhor método no seu caso, encontre uma maneira de monitorar como, por que e onde seu dinheiro vai, durante pelo menos duas semanas.

Três pontos:

1. Você não está fazendo isso para se sentir culpado sobre quanto paga pelos cigarros ou DVDs, nem porque rece-

beu uma multa na fatura do cartão de crédito por atraso no pagamento. Você está fazendo isso porque quer assumir o controle do seu dinheiro a fim de poder desfrutar sua vida ao máximo.

2. Faça este exercício com um amigo, pois senão corre o risco de fingir ou mentir, o que é perfeitamente humano.
3. Conte com alguma dificuldade inicial. Assim como é complicado começar a se exercitar depois de uma fase parado, ou parar de fumar, talvez você precise de algumas tentativas. Mas não precisa se matar. Poucas pessoas gostam de fazer esse controle e menos ainda continuam tomando esse cuidado. Apenas tente. Faça uma pausa, se ficar muito cansado. Tente de novo na semana que vem. De todo modo, é uma boa idéia tentar este exercício duas vezes ao ano, durante as "arrumações do armário" financeiro, já que ajuda a manter seu foco nos objetivos de maior alcance.

Agora, faça uma lista de suas despesas recentes, no "formulário" a seguir, e faça uma observação, identificando se elas aumentaram seus dividendos de felicidade, e como aumentaram. Veja este exemplo.

Como você deve perceber, o ponto não é uma sessão de autotortura, mas de clareza. Este livro diz respeito ao estabelecimento de prioridades e, quando você vive e gasta de um modo contrário ao que valoriza, termina não levando a vida que gostaria.

Um exemplo corriqueiro é o que acontece com a maioria das pessoas quando entra numa farmácia. Você entra porque precisa de apenas um creme dental, e sai, depois, com uma sacola cheia de coisas, e nessa brincadeira 50 reais foram embora. (Sempre quis saber o que acontece com a gente num lugar desses. Será que somos possuídos por uma desesperada necessidade de comprar remédios contra gripe e condicionador para cabelos? Pacotes "econômicos" de sabonetes?)

PORTFÓLIO DA FELICIDADE	**CUSTO**	**DESPESA**	**COMO?**
Financiamento da casa		sim ( ) não ( )	segurança, valorização
Conta do celular		sim ( ) não ( )	
Refeição/semana		sim ( ) não ( )	
Aluguel de filmes		sim ( ) não ( )	adoro filmes
Academia		sim ( ) não ( )	saúde, energia, equilíbrio
Vestuário		sim ( ) não ( )	
Poupança		sim ( ) não ( )	cobertura de emergências
Lazer		sim ( ) não ( )	visita a melhor amigo

De todo modo, 50 reais podem não parecer grande coisa, mas o que é significativo é a facilidade com que gastamos dinheiro em coisas desnecessárias. Quando você especifica aonde vai o seu dinheiro, todo mês, não só ficam claros esses buracos negros monetários, de modo que você consiga deter o fluxo de saída das suas notas de real, como também se torna capaz de usar esse valor em escolhas que lhe ofereçam mais felicidade. Da mesma maneira como pode gastar dinheiro de modo que continue correndo na esteira competitiva do consumismo irrefreável, você pode usá-lo para comprar sua saída desse labirinto, investindo naquelas coisas que melhoram a qualidade de sua vida: seus relacionamentos, sua saúde e bem-estar, experiências novas e estimuladoras. Falaremos mais sobre esses assuntos ao longo do livro.

Agora, a fim de realmente colocar suas finanças em sintonia com sua felicidade, é muito proveitoso dominar algumas habilidades básicas de administração financeira, tema que será abordado no próximo capítulo.

3 Assuma o controle das finanças

"Podemos dizer quais são os nossos valores pelos canhotos do talão de cheques."

Gloria Steinem, jornalista norte-americana

Agora, um breve capítulo sobre como administrar seu dinheiro.

Se me permite uma suposição razoável, aposto que, neste exato momento, há duas coisas em que você provavelmente está pensando. Ou (1) está interessado em dar alguns passos a fim de investir mais em sua felicidade, mas não está muito certo de onde poderá vir esse dinheiro, uma vez que praticamente toda a sua renda está comprometida com a vida que está levando agora, ou (2) você até acha essas idéias interessantes, mas não o suficiente para mudar seus hábitos porque, no fundo, sabe que tem meios para manter o estilo de vida material que quer, mais a felicidade de que necessita, *assim que começar a ganhar mais dinheiro*.

Embora pareçam diferentes, essas duas idéias equivocadas decorrem de uma só fantasia: a de que o que você precisa para ser feliz depende de ter mais dinheiro, de preferência muito mais do que agora. Mas se você acha que este é o momento em que lhe direi como você pode ficar rico e feliz, terá de mudar de livro.

Mais dinheiro é ótimo. Conheço muitas pessoas que alcançaram um alto nível de renda e de estilo de vida, e elas realmente desfrutam de todas as vantagens e os privilégios que a riqueza pode proporcionar. Mas as pessoas mais felizes que conheço, "bem de vida" ou não, têm uma noção inata de como cuidar do seu dinheiro e gastá-lo de modo que enriqueça sua vida. É disso que trata este capítulo: melhorar suas habilidades para lidar com dinheiro, para investir numa vida mais feliz.

Pessoas espertas não enriquecem

Você não vai querer repetir o erro que inúmeros norte-americanos cometem: esperar que uma fortuna caia do céu. De acordo com um levantamento do Instituto Gallup (órgão pioneiro em consultas de opinião de mercado nos Estados Unidos), em 2003, aproximadamente um terço dos norte-americanos disse que esperava ficar rico em alguma altura da vida, e 51% dos que tinham renda de 75 mil dólares anuais ou mais acreditavam que sem dúvida ficariam ricos. No entanto, segundo Thomas A. DiPrete, diretor do Departamento de Sociologia da Universidade de Colúmbia, a maioria sequer tem uma noção realista do que quer dizer "rico". Por exemplo, nesse mesmo levantamento do Gallup, a estimativa média era de que ganhar perto de 120 mil dólares por ano era considerado ser rico; só 8% dos entrevistados disseram que precisariam de 1 milhão de dólares por ano para se considerar ricos.

É estranho pensar que, num país que parece tão obcecado pela riqueza, as pessoas não tenham uma idéia mais exata do quanto "rico" quer dizer em números. Mas talvez isso seja bom, porque o mais provável é que a maioria não enriqueça muito mais. DiPrete analisou dados sobre o rendimento nacional desde 1968, a fim de averiguar a probabilidade de as pessoas aumentarem significativamente seu nível de renda ao longo da vida (não de ficarem ricas). E sua constatação foi que essa não era uma probabilidade muito alta. Ele comprovou que uma pessoa ganhando 120 mil dólares ao ano hoje tem apenas 19% de chance de passar para 340 mil dólares nos próximos quinze anos. Para a maioria, a chance de chegar ao patamar de 1 milhão de dólares é desanimadoramente pequena, apesar do que é transmitido pela TV.

Assim, adiar suas esperanças e seus sonhos — e sua felicidade — porque está esperando ter mais dinheiro não só é um caminho certo para a decepção, como o impede de usufruir a alegria que já pode ser sua, com o dinheiro que você tem agora.

> "Sempre dizem que o tempo muda as coisas, mas na verdade é você quem realmente tem de mudá-las."
> *Andy Warhol*, pintor e cineasta norte-americano

Compreendo a sensação de frustração de talvez parecer impossível investir numa vida mais feliz por já ser uma luta pagar todas as contas da vida que está levando. Concordo que algumas pessoas realmente vivem uma realidade financeira difícil. Também há aquelas que o tempo todo dão a mesma desculpa — "estou enforcado" — e, com isso, não precisam mais arregaçar as mangas e tomar uma atitude. Não sei qual é a sua situação, mas uma coisa eu posso lhe dizer: seja qual for o bote em que você está, todos se surpreendem com a enorme melhora de vida depois de conseguirem dominar algumas habilidades financeiras básicas. Não estou falando de aprender a dirigir a Goldman Sachs, o maior banco de investimentos do mundo. Simplesmente aprimorar seu repertório de recursos para cuidar do seu dinheiro não só aumentará o controle que você pode ter sobre sua vida financeira, mas também lhe permitirá tornar todos esses investimentos em felicidade uma realidade, e não apenas uma metáfora bonitinha como a que você leu num livro, um dia.

Faça um plano

Como você já deve ter percebido, o número de livros, revistas, *sites* e *blogs* dedicados às finanças pessoais poderia encher um buraco negro. Felizmente, para começar a encaminhar seus hábitos monetários numa direção mais feliz, neste exato momento, você só precisa de um modelo básico de como gastar e poupar.

Digo "para começar" por um motivo. A menos que você seja um gerente financeiro nato, essas habilidades custam algum tempo para se desenvolver, porque é preciso que você repense, revise e, em última análise, rejeite alguns dos seus hábitos financeiros menos proveitosos. O plano específico que apresentarei em seguida oferece um conjunto de orientações fáceis de serem postas em prática e que ajudarão a instalar mudanças substanciais em como você pensa e se comporta financeiramente, tendo em vista as suas prioridades. É chamado de "60% da Solução" e estabelece uma série de metas de gastos e economia que ajudarão a colocar um pouco de ordem na sua bagunça financeira. Repetindo, trata-se mais de um plano financeiro elementar do que de instruções monetárias detalhadas, e pretende servir de parâmetro para a estrutura com a qual escolher trabalhar, conforme seu estilo de vida e seus objetivos. Talvez você não atinja todos os alvos, mas, ao mirar neles, em pouco tempo experimentará uma mudança significativa no seu bem-estar financeiro, o que lhe tornará mais fácil alocar o dinheiro onde sua felicidade está.

Este plano é curto e aparentemente simples, mas funciona. Meu editor, Richard Jenkins, o inventou depois de se sentir frustrado com suas tentativas de manter em ordem as finanças de sua família. Mas, conforme você avançar na leitura deste livro, se puder colocar o plano em prática, ficará admirado com a quantidade de coisas a mais que você conseguirá para sua vida com o mesmo dinheiro.

60% da Solução: cobrindo o básico

A primeira parte do 60% da Solução lida com aqueles 60% da sua renda que idealmente devem cobrir suas despesas essenciais ou comprometidas. Em outras palavras, seu objetivo é conseguir que o custo básico da sua vida — que inclui o aluguel ou a prestação da casa própria, as contas de água e luz etc., os custos de manutenção do carro ou de transporte, impostos, alimentação, mensalidades e outros gastos com escola, despesas com filhos, seguros, doações e assim por diante — iguale mais ou menos 60% de sua renda bruta, quer dizer, a renda antes das deduções. Aposentadoria, dívidas e poupança são itens à parte; falaremos deles mais adiante. Por enquanto, concentre-se em suas despesas mais essenciais — elas são diferentes em cada caso. Sair para jantar provavelmente não é uma despesa essencial; a medicação diária é. Sua babá de sábado à noite pode ser uma despesa essencial; livros, *downloads* de música e outros tipos de entretenimento não são. Estes entram na categoria Diversão, que comentarei logo adiante. Roupas e presentes são despesas mais irregulares e também pertencem a uma categoria separada.

Vamos analisar alguns números mensais. Se, por exemplo, você ganha 2 mil reais brutos por mês, seu objetivo é manter seus gastos comprometidos em 1.200 reais. (Explicarei daqui a pouco por que usamos números brutos em vez da renda líquida.) Experimente agora. Pegue uma folha de papel e anote sua renda mensal bruta. Agora, abaixo, relacione todas as suas despesas mensais comprometidas e calcule o total. (Nota: os espaços Outras servem para você acrescentar suas despesas essenciais particulares.)

_______ Impostos (cheque os comprovantes)
_______ Saúde
_______ Financiamento da casa / aluguel
_______ Despesas com carro
_______ Seguro do carro
_______ Mensalidade de escola
_______ Doações
_______ Cuidados com filhos
_______ Combustível
_______ Telefone
_______ Celular
_______ Água
_______ Luz
_______ Gás
_______ Supermercado
_______ Outras
_______ Outras
_______ Outras
_______ TOTAL

Agora, subtraia o total de suas despesas básicas de sua renda bruta e calcule a porcentagem dos seus rendimentos destinada a cobrir o seu custo básico de vida. Provavelmente é mais do que 60%.

Apenas os impostos podem consumir de 20% a 30% de sua renda bruta, e você ainda nem chegou nos presentes de aniversário, nas despesas com as férias e com a aposentadoria. Mas nós ainda não acabamos. Lembre-se de que estamos trabalhando com metas, por isso é importante ler o plano até o fim. Vou responder às perguntas mais comuns a seguir. Agora vem a parte boa.

Economizando para gastar

Todo mês, sem falhar nenhum, vem uma pilha de gastos inesperados que sempre parecem consumir exatamente aquele dinheiro extra que ficou na sua conta bancária. No pior dos casos, que também acontece infalivelmente umas duas vezes ao ano, você não tem o dinheiro para os extras e precisa usar o cartão de crédito para cobrir essas contas grandes. O sistema que estou apresentando é especificamente elaborado para ajudá-lo a enfrentar esses constantes ataques ao seu orçamento.

Vejamos os restantes 40% da sua renda mensal, que dividiremos em "baldes". Embora este pareça um complexo plano de poupança, é muito mais útil (e preciso) se você pensar nele como um plano de economizar para gastar.

BALDE Nº 1

O ideal é que você reserve 10% de sua renda bruta, todo mês, para despesas irregulares no curto prazo. Usando nosso exemplo, esse valor deve ser 200 reais, mensalmente. Essa é a quantia que você vai orçar para despesas que a vida joga no seu colo de tempos em tempos, como o casamento de um primo, um conserto no carro ou a franquia do seguro. Estes podem ser gastos inesperados, mas são uma parte inevitável da vida. Portanto, reservar um valor regularmente, todo mês, para fazer frente a eles é uma maneira suave de minimizar o estresse financeiro que causam e incrementar a saúde do seu orçamento.

BALDE Nº 2

A idéia é a mesma: reservar 10%, todo mês, para cobrir despesas no longo prazo que você já sabe que irão aparecer mais cedo ou mais tarde: aparelhos ortodônticos para os filhos, substituição do sistema elétrico da casa, férias. Estas são despesas para as quais você pode e deve planejar seu orçamento, porque também são inevitáveis e, se não estiver preparado, pode levar um soco na boca do estômago quando chegar o momento de encará-las.

BALDE Nº 3

O terceiro lote de 10% vai para sua aposentadoria. Ponto final. Não discuta comigo, apenas tenha em mente a necessidade de economizar 10% para o seu futuro — no mínimo. No capítulo 9 falaremos mais a esse respeito.

BALDE Nº 4

O último lote é o que você deve reservar para despesas impulsivas, frívolas, divertidas. Tudo que couber entre uma barra de chocolate e um ingresso para o cinema. Esta última categoria pode parecer supérflua, mas em muitos sentidos é a colherada de açúcar que faz funcionar o plano 60% da Solução, ou qualquer outro plano. E, além disso, se encaixa com perfeição nos objetivos deste livro! Você deve investir uma parte pequena, mas consistente, de seus rendimentos para suplementar regularmente a sua felicidade, de modo que nunca se sinta financeiramente carente, ou pior, espremido pelo orçamento. Felizmente, você será bem paparicado com um capítulo inteiro sobre a importância de investir em sua diversão e vai perceber então por que precisa desses 10%.

Algumas dúvidas:

- **Como definir quais são minhas despesas prioritárias?**
  Pense em suas despesas prioritárias como aquilo que é absolutamente necessário em sua vida, como aquilo com que está comprometido. Talvez você não precise freqüentar uma academia de ginástica para sobreviver, nem sua filha precise de aulas de clarinete, mas se isso for vital para sua saúde e sua alma (e a dela), então é uma despesa comprometida. TV a cabo, internet, celulares, aluguel de filmes — estamos todos acostumados a pensar que algumas despesas são necessárias, mas se você está tentando cortar itens do orçamento, sempre pode refletir sobre se algumas despesas são efetivamente indispensáveis.

- **Em que categoria incluir as dívidas?**
  Segundo este plano, *não* se deve pensar nas dívidas como despesas comprometidas. Se você está pagando uma dívida de cartão de crédito, por exemplo, pode usar os 10% que normalmente deixa reservados para despesas futuras. Ou pode utilizar 5% do dinheiro destinado à aposentadoria e mais 5% do dinheiro reservado para diversão, até quitar o débito. Depende da extensão da dívida e do quanto você quer acabar logo com isso. O plano 60% da Solução é bastante flexível: você não precisa parar de

poupar para quitar uma dívida, mas zerar esse débito deve ser sua prioridade. Abordo a questão de quitar dívidas no capítulo 7, porque a alegria de ficar livre de dívidas é uma parte essencial do portfólio de sua felicidade.

- **Não há a menor possibilidade de eu alcançar essas metas. O que fazer?**
  Adapte esses números de acordo com o que é possível para você. Reservar até mesmo 2% para cada balde é melhor que nada. Assim que começar a se sentir mais no comando de suas finanças, descobrirá que destinar percentuais maiores para cada meta é mais fácil do que tinha imaginado.

- **É obrigatório que eu use minha renda bruta como base para esses cálculos?**
  Sim. Quando usar números baseados em sua renda bruta, é mais provável que você cubra todas as suas despesas e progrida mais rapidamente na direção de suas metas. Se você precisar começar engatinhando, pode partir de sua renda líquida. Eu sei que é mais fácil, em certos sentidos, porque é assim que a maioria das pessoas é paga. Mas tente trabalhar a partir dos rendimentos brutos.

- **Onde está a categoria da felicidade?**
  Boa pergunta! Você vai custear os setores do seu portfólio da felicidade a partir de cada um dos baldes deste plano de despesas, até mesmo com o das despesas comprometidas (já que espero que você esteja comprometido em ser feliz). Em outras palavras, investir no chamado portfólio

da felicidade não requer uma categoria à parte. Ela deve estar e estará entrelaçada com muitas áreas de sua vida, como verá nos capítulos seguintes. Assim, você não está apenas reservando 10% para o futuro, está alocando fundos para um futuro mais feliz. Quando mapear suas despesas comprometidas, começará a colocar mais peso naquelas que rendem maiores dividendos de felicidade. Em vez de pensar que precisa enxugar a verba para se divertir, você irá perceber que cada centavo gasto com isso é um valioso investimento em sua alegria de viver.

Ponha seu plano monetário em ação

Pode ser uma tentação passar os olhos por um plano financeiro tão simples quanto este e decidir ignorá-lo. Parece fácil: 10% aqui, 10% ali, como é que isso vai fazer qualquer diferença no contexto geral, quanto mais em termos de aumentar sua felicidade?

> **"Não há segurança na terra, só oportunidades."**
> *Douglas MacArthur*, comandante militar norte-americano

Meu conselho é que você se sente com uma calculadora à mão e continue experimentando o plano 60% da Solução, avaliando como ele pode ser aplicado à *sua* situação. Você não ficaria com a cabeça em paz sabendo que tem dinheiro guardado para dias difíceis no futuro? Você não desfrutaria mais a vida podendo gastar um pouco de dinheiro para frivolidades, todo mês, sem a menor sensação de culpa? Para poder aproveitar este livro ao máximo, você se verá reavaliando algumas escolhas financeiras a favor de sua felicidade, e esse sistema de gerenciamento monetário é a ferramenta necessária.

Localize seus maus hábitos monetários

Este livro é um guia para aperfeiçoar sua consciência financeira e também seus investimentos em felicidade. Agora que você tem a mão mais firme sobre suas finanças, um outro bom exercício consiste em aprender a localizar seus pontos cegos financeiros. Como conseguir desfrutar de uma felicidade ainda maior, usando seu dinheiro, até ter extirpado todos os seus maus hábitos? Todos têm pelo menos um. Seu ponto cego é simplesmente aquela área em que você gasta mais dinheiro do que percebe em coisas que não são tão importantes para você. Você saberá que localizou um ponto cego quando examinar detalhadamente suas despesas mensais e notar algum padrão estranho, extravagante, de gastos, e sua reação for "Credo, eu gastei tanto dinheiro *nisso*?".

Veja alguns pontos cegos clássicos:

- **Esbanjar**. A questão não é a freqüência com que você compra, mas quanto gasta de cada vez. Você é a mulher que compra um par de sapatos de 300 reais, ou o sujeito com o carro mais recheado de opcionais que se pode pensar; ou vice-versa. Você se acha responsável do ponto de vista financeiro porque nunca recebeu multa por atrasos em pagamento, e pequenos prazeres não são tentadores. Você toma ônibus, mas não vai de táxi. Mas não perde uma "promoção" de roupas de grife.

- **Gastar aleatoriamente**. Você recebe a fatura do cartão de crédito e fica de queixo caído, totalmente em choque. Então pensa: "Não posso ter gastado mais de mil reais este mês, porque tenho certeza de que só gastei 25 reais naquele presente de aniversário e mais 15 reais num novo cabo para a impressora... e, ah, é verdade, foram mais 10 reais no novo guarda-chuva, e depois teve aquela jaqueta, mas estava em oferta e foi só 19,99 reais". E quando finalmente você chegar ao fim da lista, ainda não conseguirá acreditar que o total deu mais de mil reais! Mas deu.

- **Gastos com amigos.** Às vezes, investir no círculo de relacionamentos sociais é uma poderosa fonte de felicidade, mas, como qualquer outro prazer, pode sair do controle. Como uma coisa que é tão agradável pode se tornar uma fonte de problemas financeiros? Se esse é o seu calcanhar-de-aquiles, nem precisa procurar mais adiante, depois de todos os almoços, jantares, barzinhos, cineminhas, cafés, drinques, aniversários, casamentos, despedidas de solteiro e chás-de-bebê, viagens e fins de semana que lotam sua agenda e levam embora o dinheiro da sua conta-corrente.

- **Descontos ilusórios**. Você nunca paga o preço cheio, conhece todas as pontas-de-estoque num raio de 100 quilômetros, só faz compras nas lojas de departamentos da vida e "promoção" é seu nome de guerra. Infelizmente, é tão fácil — talvez ainda mais fácil — gastar excessivamente em coisas desnecessárias que você justifica repetindo a desculpa mais do que batida: "mas estava tão barato!". É uma pena, mas a soma aritmética de gastar em "compre dois e pague um", quando você não precisava de nenhum para início de conversa, quase sempre não compensa.

Estes são apenas quatro pontos cegos bem comuns; os seus podem ser diferentes, mas, ao expô-los, você se dará lições importantes sobre as maneiras equivocadas como gasta seus recursos. Repetindo, estes exercícios não pretendem fazê-lo se sentir culpado, mas sim ajudá-lo a desenvolver mais consciência e controle financeiro. Deste modo, você pode começar a fazer mudanças deliberadas em suas atitudes monetárias a fim de desperdiçar menos dinheiro em coisas e ter mais para viver com gosto.

Você *pode* bancar a conta de ser feliz

Quando digo "mudanças", o que quero dizer é aprender a aplicar mais vezes uma análise do custo/benefício de todas as suas decisões sobre a qualidade de vida. Você faz esse tipo de cálculo todo dia, mas agora irá fazê-lo mais ainda, a fim de realizar alguns investimentos em felicidade, como falamos neste livro. Eis alguns exemplos de como uma simples análise custo/benefício pode promover a qualidade da sua vida diária:

- Conheço uma advogada muito ocupada que paga para que, toda semana, recolham e entreguem em sua casa suas peças de roupa que vão para a lavanderia e a lavagem a seco. O custo desse serviço vale muito a pena para ela que, assim, tem um pouco mais de tempo livre.
- Entretanto, digamos que você queira sair com seu marido no próximo fim de semana, mas o custo da babá parece

um despropósito. O dinheiro que você economiza lavando algumas roupas à mão em vez de mandá-las para a lavanderia, por exemplo, pode ser investido em seu passeio e, dessa forma, ter dinheiro para o pagamento da babá.

- Ou: em vez de comprar um carro novo e conviver com uma prestação mensal de 600 reais pelos próximos cinco anos, que tal usar sua poupança para comprar um "seminovo" e guardar os 600 reais todo mês para aquela sonhada viagem, para quitar uma dívida ou fazer algum outro investimento em sua felicidade?
- Todo mundo precisa de roupas para trabalhar, mas quanto de seu suado dinheirinho você realmente precisa comprometer com a compra de trajes, calçados e acessórios de festa? Que tal alugar esses itens ou até mesmo pedi-los emprestado a um(a) amigo(a) e, assim, economizar parte desse dinheiro para viajar com os amigos ou renovar a decoração de sua sala?
- Digamos que você adora cozinhar. Você não precisa gastar uma fortuna numa viagem gastronômica para incrementar esse *hobby*. Cancele a assinatura daquela revista que não seja tão importante e invista na assinatura de outra especializada em gastronomia, ou de alguma outra publicação que lhe sirva de inspiração. Reveja as prioridades, verifique os gastos dos quais pode abrir mão e assine um canal a cabo para poder assistir a todos aqueles programas de culinária.

Essas são estratégias indolores para que você focalize de um novo modo suas decisões financeiras e, assim, favoreça um estilo de vida mais feliz e rico. E você poderá ver como o plano 60% da

Solução é capaz de ajudar nessa empreitada. Talvez sua coleção de trajes de festas tenha sido um gasto prioritário, exceto que agora você perceba que gostaria de estar mais comprometido com sua coleção de miniaturas de aviões da Primeira Guerra Mundial. A partir deste momento, você poderá usar seu maior controle financeiro para mudar sua forma de gastar, a fim de que uma parcela maior do seu dinheiro vá para suas prioridades.

Uma das coisas que aprendi para parar de gastar tanto com restaurantes foi fazer uma série de análises do custo-benefício de tudo, de café-da-manhã, almoço e jantares. Cortar os jantares em restaurante foi fácil porque o custo de comer fora, mesmo que apenas duas vezes por semana, pode equivaler ao custo de uma passagem aérea por mês, e eu prefiro ter a oportunidade de viajar a consumir um desfile completo de massas e risotos a preços exorbitantes. Mas esses cálculos financeiros constantes também me ajudaram a cortar aqueles lanchinhos rápidos que a gente compra ao longo do dia porque, francamente, para mim existem muitas e melhores maneiras de gastar dinheiro que numa tonelada de sanduíches perfeitamente dispensáveis.

> "As pessoas são tão felizes quanto decidem sê-lo."
> *Abraham Lincoln*, 16º presidente dos Estados Unidos

Isso não significa que eu não saia mais para comer. Apenas me tornei muito mais consciente de onde, quando e por que gasto esse dinheiro, e sempre garanto que, ao fazê-lo, terá sido porque decidi aproveitar uma chance deliciosa de rever amigos, ou passar algum tempo com o meu marido (que fique registrado que ambas as situações representam um valor imenso no meu portfólio de felicidade).

Estou ciente de que esta foi uma revisão muito rápida de um tópico complexo, mas continuaremos trabalhando os diversos aspectos de suas finanças pessoais, verificando como elas se alinham com sua felicidade, ao longo do livro. O próximo capítulo diz respeito a aprender a lidar com um outro grande dispêndio: o tempo.

4 Compre mais tempo para você

"O tempo perdido nunca mais é encontrado."

Benjamin Franklin, cientista, escritor e inventor norte-americano

Ouvindo as pessoas falarem sobre o tempo, ficamos com a impressão de que todas sabem o quanto ele é precioso. "Tempo é dinheiro", costumamos dizer e, na realidade, usamos muitas palavras em comum para falar de tempo e de dinheiro. Dizemos que fazer tal coisa "economizou tempo" e que fazer aquela outra "valeu o tempo gasto". Falamos de gastar tempo, perder tempo, investir tempo e, acima de tudo, de não ter tempo suficiente.

O único probleminha é que a maioria parece esquecer que o tempo é um bem muito mais precioso que dinheiro. Dinheiro pode ser reposto, tempo não. Você não pode implorar por emprestar, roubar ou fabricar tempo. Não há máquinas de autoatendimento para saques de tempo e não há cartões de crédito para tempo (como talvez já tenha percebido).

O que você tem é apenas o que está em suas mãos, a cada dia. Se soubesse o tamanho da sua porção particular de tempo, se pudesse verificar *on-line* o saldo de sua conta pessoal de tempo, certamente isso afetaria muitas decisões que hoje você faz sobre como passar seu tempo. Infelizmente, ninguém nunca soube a quantas horas, dias ou semanas tem direito, e é justamente isso que torna ainda mais crucial investir desde agora o máximo possível do seu tempo na vida que você quer levar.

Não há como poupar a noite de hoje na esperança de poder usá-la no próximo mês, não é mesmo? Mas você pode aumentar a quantidade de tempo que tem de gastar todos os dias usando seu dinheiro para "comprar" mais tempo.

Uma ruga no tempo

Infelizmente, as pessoas se sentem ainda mais pressionadas pelo tempo do que pelo dinheiro. "Não há tempo suficiente!" é a queixa coletiva atual. À primeira vista, isso parece verdade. Hoje em dia, as pessoas trabalham muitas horas seguidas; além disso, gastam muito tempo para ir e voltar do trabalho. Moradores de grandes cidades gastam em média duas horas por dia no trânsito entre casa e trabalho. Nossos dias são repletos de obrigações, providências, compromissos e listas de coisas a fazer. Cada vez mais, usamos equipamentos — celulares, computadores — que supostamente deveriam economizar nosso tempo, mas que, em vez disso, sugam ainda mais o tempo que nos resta. Não espanta que as pessoas reclamem que não são mais donas do próprio tempo. É tão grande a pressão que sofremos constantemente que muitos nem se permitem parar um pouco de trabalhar, algo a que todos temos direito. De acordo com a Associação da Indústria do Turismo dos Estados Unidos, o tempo médio de férias dos norte-americanos ficou ainda menor — 4,5 dias em média — e, em 2005, os empregados deixaram de usufruir um total de 421 milhões de dias de férias ao final do ano.

O efeito cumulativo de praticamente dois séculos de crescente industrialização incentivou a maioria das pessoas a trocar seu tempo principalmente por dinheiro, tema que foi explorado pelo jornalista Carl Honoré em seu livro *Devagar*, cujo título original é *In praise of slowness*. Trabalhar mais tempo significa ganhar mais dinheiro, o que significa ter mais poder de compra. Você se sente privado de tempo porque, de fato, está: trocou o seu tempo por bens materiais. Mas, em outro nível, essa troca contribuiu para uma estranha espécie de amnésia. Esquecemos que nosso tempo ainda nos pertence. O seu tempo é *seu* e, da mesma forma como você trocou horas e dias por grana, também é possível inverter essa equação de modo que possa encaminhar mais tempo na direção do tipo de vida que sonha ter.

Como comprar mais tempo para mim mesmo?

A vida moderna se tornou tão frenética, tão acelerada, tão espremida no tempo que milhões de pessoas no mundo todo, literalmente, estão em busca de soluções para a falta de tempo na esfera pessoal de sua vida, mas especialmente em termos profissionais. O sentido do velho ditado "Tempo é dinheiro" está mudando, à medida que mais e mais pessoas passam a se dar conta de que tempo *é* dinheiro e que todo esse *tempo* gasto em conseguir mais *dinheiro* está consumindo as horas que deveriam ser gastas em outras coisas. Neste capítulo, falo primeiramente do trabalho, o maior elemento de troca do nosso tempo, e depois examino algumas armadilhas que também podem esgotar nossos "intervalos para manutenção", nosso tempo "livre".

O lento movimento do tempo

Até mesmo nos escalões mais elevados do mundo corporativo existe uma acentuada mudança a favor de equilibrar o trabalho e o tempo para a vida pessoal.

Tempos atrás, quando a revista *Fortune* fez um levantamento com os executivos dos Estados Unidos para saber como ia o desequilíbrio envolvendo o tempo e o trabalho:

- 64% dos entrevistados disseram que, nessa altura de sua vida, dariam mais importância ao tempo que ao dinheiro;
- 80% dos entrevistados disseram que se sentiam relativamente ou muito confortáveis em falar com seus chefes sobre "equilibrar o trabalho e as coisas fora do trabalho que são importantes para mim";
- 98% dos entrevistados mostraram-se "favoráveis a solicitações em seus relatórios relativas a um melhor equilíbrio entre trabalhar e ter uma vida pessoal".

> "O tempo é a moeda da sua vida. É a única moeda que você tem e só você pode determinar como ela será gasta. Seja cuidadoso para não deixar outras pessoas gastarem por você."
> *Carl Sandburg*, poeta e historiador norte-americano

Em comparação com uma década atrás, há hoje muito mais variedades de políticas favoráveis ao tempo, e um corpo crescente de pesquisas apóia a noção de que oferecer aos trabalhadores horários não-convencionais não é compulsoriamente prejudicial aos objetivos básicos da companhia. Além disso, alguns extraordinários avanços tecnológicos estão tornando possível aos empregados negociar situações de trabalho muito mais flexíveis, por exemplo:

- Dividir tarefas e responsabilidades.

- Esquematizar um horário flexível.
- Ter semanas úteis mais curtas.
- Entregar trabalhos por meios eletrônicos (isto é, receber e enviar tarefas de casa ou de locais diferentes).
- Trocar o aumento de salário ou bônus por mais tempo de férias ou fins de semana prolongados.
- Trabalhar meio período e viver com menos dinheiro.
- Aumentar a qualidade de vida (por exemplo, negociar que a empresa pague a conta do celular, o combustível, o vale-transporte, uma anuidade na academia etc.).
- Cair fora da "pista expressa" (isto é, não se matar pela promoção ou por um aumento, a fim de manter em níveis decentes a carga de trabalho).

Claro que a grande dúvida para a maioria é: "Consigo arcar com as conseqüências profissionais e financeiras de um período de trabalho menor, com mais tempo livre?". Talvez você se surpreenda com a resposta.

Quando Sílvia, 28 anos, e Carmem, 35, iniciaram um esquema de divisão de tarefas e responsabilidades na empresa em que trabalhavam, há uns dois anos, no início se surpreenderam de terem conseguido realizar o plano.

Havia anos Carmem estava batalhando para trabalhar meio período, mas seus chefes simplesmente se recusavam. "Eles literalmente riam na minha cara", Carmem disse. Assim que teve seu primeiro filho, Carmem decidiu tomar as rédeas dessa questão. Depois de pedir demissão, conseguiu uma vaga como consultora na mesma empresa, o que basicamente mostrou aos seus gerentes que ela ainda conseguia dar conta do recado, embora em menos tempo. Assim, quando terminou seu contrato de consultoria, a empresa se mostrou disposta a dividir as tarefas entre ela e sua colega Sílvia, com uma carga horária de 32 horas semanais.

Carmem teve de arcar com uma diminuição no salário, mas, como ela e o marido, que trabalhava em casa, já tinham reescalonado sua vida enquanto ela trabalhava como consultora, as novidades financeiras não foram tão onerosas. Foi mais difícil para Sílvia, que estava estudando para entrar na faculdade de medicina e só podia trabalhar dois dias por semana. "Tive de encarar um corte enorme no salário", disse Sílvia, admitindo que foi difícil trocar cortes de cabelo em bons salões e saídas com os amigos por um estilo de vida "de universitária 'dura'".

Para a maioria, é difícil imaginar viver com um rendimento mínimo sem sentir uma agulhada de pânico ou o receio de passar necessidades, mas tanto Carmem como Sílvia se concentraram no fato de que estavam trocando mais dinheiro mensal por mais horas para outras dimensões de sua vida. Para Sílvia, era muito mais importante saber que, finalmente, estava dando um salto para superar sua carreira em informática e entrar no mundo da medicina que manter o gordo holerite a que estava acostumada. Carmem também queria muitíssimo ter mais tempo para sua família, mas também para escrever seus textos de ficção, uma atividade a que, até esse momento, dava vazão enquanto ia de ônibus para o trabalho.

O tempo todo, as pessoas fazem cálculos semelhantes aos de investimento, mas em geral no sentido oposto. Você pode pensar: "Quando eu ganhar mais dinheiro, então poderei encarar um financiamento de uma casa maior e mais bonita, um carro do ano, férias fora do país". Tudo bem, *se é nisso que você quer investir seu tempo*. Não há nada de errado em trocar seu tempo por rendimentos, benefícios e melhorias na casa; tudo isso pode contribuir para a sua felicidade. O problema aparece quando você atinge um ponto em que o retorno começa a diminuir e a quantidade de tempo e energia que custa manter certo estilo de vida não vale mais a pena para assegurar esse patamar de ganhos financeiros.

Esses todos são cálculos intensamente pessoais. Se você quer comprar uma casa maior, um novo carro, ou tirar aquelas tão sonhadas férias, então pode fazer um outro cálculo de tempo *versus* dinheiro. Você pode decidir ir em busca de uma promoção, pedir um aumento ou trabalhar horas extras para comprar essas coisas. Mas muitas pessoas já exaustas e frustradas estão caindo na real: "Espera aí, deve ter um jeito melhor de viver".

> "Existe apenas um único sucesso: ser capaz de levar a vida do próprio jeito."
> *Christopher Morley*, escritor norte-americano

Conheça o valor do seu tempo

Como fazer esses cálculos sobre sua vida? Comece avaliando os custos embutidos no trabalho que você realiza. Quando Carmem resolveu deixar de lado uma remuneração por trabalhar em período integral, por exemplo, ela teve de pensar em quanto estava recebendo por *todo* o trabalho que fazia. Como a maioria das pessoas, ela sabia que sua semana de 40 horas, na realidade, chegava a 50 ou até 60, ou até mais quando estava perto do prazo de entrega de um projeto. Além disso, ela passava mais ou menos 10 horas por semana indo e vindo do trabalho para casa, além de algumas horas no fim de semana para tirar o atraso do serviço.

Quando você começa a colocar todos esses números na "ponta do lápis", seu holerite parece bem menor — especialmente quando você deduz do seu salário os custos relativos a trabalhar:

- almoço;
- cafés e lanchinhos;
- comprar e manter roupas para trabalhar;
- transporte.

Assim, você pode ver como Carmem constatou que, mudando para um esquema de divisão de tarefas, estaria oficialmente trabalhando muito menos horas, e mesmo assim a remuneração que iria receber não seria muito menor do que a que ganharia se trabalhasse período integral, depois de calcular todos os elementos "embutidos". "Quando eu estava trabalhando período integral, uma semana de 45 horas significava que provavelmente eu estaria trabalhando mais ou menos 60 horas." Carmem diz: "Agora, trabalho 32 horas por semana e sou paga por exatas 32 horas por semana, e raramente tenho de trabalhar além disso".

Isso não significa que você deva largar seu trabalho em período integral, mas fazer esse tipo de reconhecimento de terreno a respeito de sua vida lhe proporcionará uma nova perspectiva do quanto está efetivamente recebendo por todo o tempo que gasta trabalhando.

Seu tempo, sua vida

Assim como demos uma olhada no seu fluxo de dinheiro para termos uma idéia mais clara de onde está indo sua renda, agora faremos o mesmo com o tempo que você gostaria de chamar de seu.

Há alguns anos, dois professores da Escola de Negócios de Londres deram um curso sobre estratégias corporativas e sobre como as empresas poderiam alcançar melhor suas metas usando seus próprios recursos com mais inteligência. Para tanto, desenvolveram um exercício que ajudava os alunos a analisar o desempenho de uma empresa. O que constataram foi que, fora da sala de aula, os alunos estavam aplicando essa ferramenta à sua vida pessoal, especificamente analisando como gastavam ou investiam seu tempo.

Portanto, vamos tentar uma análise semelhante a respeito de seus hábitos de gasto de tempo: você fica acordado aproximadamente 112 horas por semana. Como gasta essas horas quando não está trabalhando? Está investindo seu tempo pessoal disponível em coisas que maximizam sua felicidade?

EXERCÍCIO

Guardando o tempo

De que você vai precisar: papel, caneta e sua agenda. Se a semana passada foi incomum (você estava em férias ou atolado em um trabalho especial), escolha uma semana que sirva de exemplo típico de sua agenda. Tempo necessário: 15 minutos.

1. Numa folha de papel, trace duas colunas. Na primeira, anote dez coisas que para você é importante

ou suas dez prioridades, mas não se preocupe com detalhes. Lembre-se: estes exercícios devem ser rápidos e divertidos, e este em particular se destina a lhe oferecer uma visão geral de onde vai parar seu tempo. Por isso, agora, limite sua lista a dez prioridades, mas seja tão exato quanto puder sobre cada uma delas. Em lugar de anotar "família", explicite o quê, na família, é uma prioridade para você. Por exemplo, "ficar com os meus filhos", "visitar minha mãe". Se você valoriza "trabalhar bastante", especifique de que maneira; por exemplo: "trabalhar bastante para ganhar mais".

2. Não se censure. Estas são as *suas* prioridades, os seus valores, neste momento. Fazer carreira dentro da empresa é tão válido quanto ajudar seu filho a tirar uma boa nota em matemática este ano, ou quanto meditar com mais freqüência.
3. Agora, abra sua agenda e reveja sua semana. Na segunda coluna, anote o número de horas que você dedicou a cada item da primeira nos últimos sete dias. Se não tem certeza, faça uma estimativa. (Sugestão: isso fica mais fácil se você pegar a prioridade número 1 e verificar em cada dia da semana quanto tempo dedicou a ela; vale o mesmo para cada uma das demais.)

Como contraprova, some o número de horas que você gastou nessas várias prioridades para ter certeza de que não terminou com menos de 112. A maioria das pessoas precisa de tempo para comer, ver TV, transportar-se entre lugares, resolver suas pendências pessoais, ler o jornal e assim por diante.

Quase todos nós pensamos que temos uma noção razoavelmente clara de onde vai parar nosso tempo e nos apegamos à crença de estarmos fazendo o melhor possível, gastando tanto tempo quanto podemos no que é importante para nós. Nesse ínterim, sem verificar onde estão realmente indo as horas do dia, é fácil nos iludirmos acerca dessa verdade. Alguém pode lhe perguntar: "Com que freqüência você faz exercícios físicos?". E você responde: "Acho que umas duas vezes por semana", mesmo que sua agenda dê uma boa risada diante disso. Mas, se praticar exercícios é realmente uma prioridade para você, ou se passar tempo com os sobrinhos realmente deixa você feliz, então essas ocupações devem aparecer no inventário de tempo que você fez e não só na sua imaginação. Por outro lado, se o modo como aloca seu tempo não corresponde às suas prioridades, este exercício irá revelar onde você está desperdiçando seu tempo:

- Você verá quais são as prioridades que recebem a maior parcela do seu tempo e quais não estão recebendo a dose necessária.
- Avaliará se é desejável efetuar mudanças, quer dizer, remanejar e distribuir o tempo.
- Poderá sofisticar o *tipo* de tempo que algumas prioridades podem exigir.

Quando fiz este exercício, dois dos meus valores mais importantes — praticar exercícios e passar algum tempo com meus familiares — tiveram zero horas de investimento e mais ou menos uma hora, respectivamente, durante uma semana. Meu marido recebeu em torno de 20 horas; o trabalho, quase 40; os amigos, mais ou menos 12 (incluindo telefonemas); atividades de entretenimento e enriquecimento cultural, mais ou menos 12 também.

A mais flagrante omissão dizia respeito à minguada quantidade de tempo que eu tinha dado a dois aspectos da minha vida que realmente me fazem imensamente feliz: atividades físicas e o contato com meus parentes. (E fico constrangida ao admitir que esqueci totalmente de incluir nessa auto-avaliação a dimensão espiritual.)

A outra revelação foi que, embora geralmente eu sinta que não passo tempo bastante com meu marido, a questão não era o número de horas que ficávamos juntos, mas sim o que fazíamos nesse tempo. Em vez de ficarmos em casa, percebi que o que eu realmente adorava era quando fazíamos coisas juntos, como ver um filme ou visitar amigos, e que eu queria investir mais nessa direção.

Atenção para as armadilhas do tempo

É muito mais fácil quantificar seu tempo em termos financeiros, mas as mesmas regras de investimento se aplicam quando você quer recuperar seu tempo "de manutenção". Vamos usar o exemplo clássico do que acontece quando você fica preso numa armadilha do tempo.

As armadilhas do tempo são como os obstáculos de areia usados no golfe. Você se envolve com eles e depois tem uma tremenda trabalheira para se safar. Um exemplo é fazer parte de alguma organização, como a Associação de Pais e Mestres, ou de Moradores do Bairro. Eu adoro grupos. Entrei em vários. Fundei alguns. Mas, às vezes, você se esquece de levar em conta o que determinado compromisso representa em termos de tempo consumido.

"Será que você pode oferecer o jantar da rifa?" é uma daquelas frases fatais que ilustra exatamente o ponto que estou esclarecendo.

Aí você diz "Claro" — oferecer esse tipo de jantar é uma coisa que deixa você feliz —, esquecendo de fazer a soma do tempo todo que isso custará, porque acha que só vai precisar de uma hora para preparar um pouco de espaguete aos quatro queijos e mais três ou quatro horas quando as pessoas vierem para a reunião. Cinco horas é um tempo que você consegue arrumar na sua semana, não é mesmo?

Mas veja o que você esqueceu: as duas horas de telefonemas para coordenar quem traz a sobremesa, os salgadinhos e os refrigerantes. O tempo que vai levar ir às compras e depois preparar efetivamente a refeição. Esqueceu que vai gastar uma hora limpando a casa antes e mais tempo cuidando de outros detalhes. E, quinze horas mais tarde, você vai recepcionar os convidados da rifa.

Todos nós já nos oferecemos como voluntários para alguma versão desse tipo de atividade que se transformou num rombo de 15 horas na semana, ou nos comprometemos com um projeto que consumiu um mês inteiro. Às vezes, essas decisões podem custar muito tempo, mas o que você ganha, em termos de diversão, companhia dos amigos, satisfação, vale perfeitamente cada minuto despendido. O truque está em saber como usar o dinheiro para recuperar alguma parte desse tempo (e reduzir o ritmo dessa dança descontrolada do estresse), quando você mais precisar dele. O exemplo da rifa acima oferece vários esclarecimentos sobre como você poderia investir seu dinheiro para livrar mais tempo. Por exemplo, você poderia:

- encomendar *pizzas* ou sanduíches de algum fornecedor com entrega em domicílio, em vez de usar seu tempo cozinhando;
- contratar uma faxineira, em vez de limpar sozinha a casa;
- pagar uma babá para buscar as crianças na escola, para ter tempo de se organizar.

Percebo que essas soluções até podem parecer simplistas, mas quantas vezes você se deu ao luxo de gastar dinheiro a fim de comprar algum tempo e, com isso, aumentar sua qualidade de vida?

Gaste mais para ter mais tempo

No capítulo 8, você verá mais algumas idéias sobre como poupar tempo e comprar um pouco de sossego para si mesmo. Enquanto não chega lá, veja a seguir alguns modos específicos de investir seu dinheiro em bens e serviços que serão úteis para livrar um tempo que você poderá investir em si mesmo e naquelas coisas em sua vida que mais lhe oferecem felicidade.

- **Serviço de faxina**: nem todos podem pagar uma faxineira regularmente, mas até mesmo uma vez ao mês esse serviço é capaz de livrar uma boa dose de tempo, que então você poderá usar para se divertir ou usufruir melhor de algum entretenimento. E, atenção: uma faxineira profissional deixará sua casa tão limpa que, provavelmente, você ficará pelo menos uma ou duas semanas sem ter de se preocupar com limpeza.
- **Serviço de babá**: conheço vários casais que hesitam em contratar uma babá porque acham um luxo excessivo. Mas dar a si e ao parceiro uma folga, de vez em quando, e a oportunidade de estreitarem seus laços, ou intensificar o convívio com os amigos e usufruir a vida em geral, é uma das melhores maneiras que conheço de enriquecer o relacionamento.
- **Organizador profissional**: tem coisa mais demorada que arrumar uma bagunça? Você até pode contar quantas horas de irritação desperdiça em suas esporádicas tentativas de lidar com a desordem, ou gasta na busca infrutífera por um determinado recibo, memorando ou número de telefone. Contrate alguém para ajudar. Não precisa gastar fortunas para fazer sua casa parecer um "lar ideal", mas, por uma soma razoável, você pode contar com os serviços de um organizador que deixa em ordem uma área específica da sua casa, e ainda oferece um verdadeiro tesouro de sugestões, dicas, truques e hábitos a serem desenvolvidos que, depois, poderão ser aplicados no restante de sua casa.
- **Providências**: gramado, jardim e pequenos consertos... meu Deus! Muitos proprietários de casas, nos últimos anos, acabaram infectados pelo vírus norte-americano

"faça-você-mesmo", mas será que é realmente dessa maneira que você quer passar seu precioso tempo livre? Se cuidar do jardim e consertar coisas deixam você em paz, melhor para você! Mas não existe nada de errado em dar uma folga ao seu espírito de pioneiro e telefonar para o filho adolescente do vizinho, perguntando quanto ele cobra por esses serviços básicos. Lavar roupas, fazer as compras no supermercado e tomar providências na rua são outras tarefas para as quais você pode contratar mão-de-obra e ganhar tempo.

- **Seu dinheiro**: a menos que você adore impressos de oitenta colunas, não há motivo pelo qual usar uma enormidade de tempo pagando contas e tentando equilibrar o orçamento, quando um simples *software* pode ajudá-lo com tudo isso em apenas poucos minutos. E realmente digo *tudo*: alguns programas permitem que você monitore contas-correntes, acompanhe os gastos com o seu cartão de crédito e também os investimentos de sua previdência privada. Ou você pode contratar um contador para ajudá-lo a lidar com esses assuntos. (Eu uso um *software* e *também* pago um contador para cuidar dos meus impostos. Para mim, é inestimável a enorme quantidade de tempo que me sobra com o pouco dinheiro que me custa investir nos conhecimentos especializados dessa pessoa.)

O ponto aqui é reconhecer que um gasto relativamente pequeno em dinheiro pode render um bônus substancial em termos de tempo, que então pode ser investido em sua vida. A seguir, veremos um outro ponto muito enriquecedor: investir em si mesmo.

5 Invista em você

"A felicidade dos livros de história sempre envolve alguma forma de rodopio com os polegares; a verdadeira felicidade envolve o pleno uso das forças e dos talentos de cada um."

John Gardner, psicólogo e escritor norte-americano

Um capítulo sobre investir em você pode dar a impressão de que irei dizer algo como "vá em busca de sua bem-aventurança", ou lhe ofereça algum conselho profissional milagroso. Felizmente, não se trata de nada disso.

Mas se trata de encher um grande tanque com combustível cor-de-rosa.

Num artigo recente, os economistas norte-americanos Liam Graham e Andrew Oswald apresentaram um novo modelo de felicidade baseado em investimentos, que sugere que as pessoas dependem de um reservatório de bem-estar interior do qual se abastecem para sustentar e enriquecer sua vida. Oswald e Graham denominam esse estoque de bons sentimentos de "capital hedonista" (hedonismo é uma teoria ou doutrina filosófico-moral que afirma ser o prazer individual e imediato o supremo bem da vida humana) e expõem, então, uma fórmula matemática razoavelmente sofisticada para demonstrar que sua felicidade pessoal pode ser armazenada, gasta e reabastecida, dependendo do que se passa em sua vida: "Da mesma forma como as máquinas obtêm resultados, o capital hedonista produz um fluxo de recursos que poderíamos chamar de energia hedonista". E continuam: "Propomos que essa energia pode ser tanto usada para gerar bem-estar hoje como ser investida no capital hedonista para produzir bem-estar no futuro".

Em termos mais lúdicos, numa palestra que ministrou, o doutor Oswald se referiu à reserva pessoal de felicidade como um "grande tanque de combustível cor-de-rosa", dando a impressão de que seria quase como uma fonte interna de hidrogênio ou algo assim. E a idéia é esta: "Acho útil imaginar um imposto sobre o seu bem-estar; digamos: se você adoece, se divorcia ou recebe um corte no salário", disse o doutor Oswald quando conversei com ele, "então, aquele grande tanque de combustível cor-derosa é de onde você se abastece para minimizar o impacto negativo. Você pode sacar dele ao longo dos anos".

O doutor Oswald disse que lhe faltavam dados empíricos para informar exatamente como as pessoas poderiam acumular seus níveis de combustível cor-de-rosa, mas, com base num corpo cada vez maior de pesquisas produzidas pelo campo da psicologia positivista, parece que quando as pessoas se concentram em enriquecer como seres humanos, em vários sentidos — desenvolvendo e explorando suas forças, habilidades, metas e paixões —, de fato adicionam mais líquido ao reservatório interior de bem-estar.

Infelizmente, para algumas pessoas, a idéia de "investir" em si mesmas por algum outro motivo que não o profissional parece uma atitude frívola, egoísta, quando não estritamente desnecessária. Muitas pessoas se dedicam indiretamente a si mesmas, direcionando seus recursos ao cônjuge, à família, ao trabalho, à comunidade. Esses tipos de investimento sem dúvida trazem grandes retornos, como poderemos verificar nos próximos capítulos, mas não são o mesmo que cultivar a fonte fundamental do seu bem-estar pessoal. Ao proporcionar a si mesmo aquilo de que necessita para desabrochar, sentir-se completo e feliz — quer isso signifique liderar algum projeto comunitário, decidir-se a finalmente aprender italiano antes de ir a Roma outra vez, ou enfim entrar naquele grupo de aulas de tricô — , o ganho maior é que você contará com mais recursos para distribuir em todas as outras áreas da sua vida.

EXERCÍCIO

Como um grande investidor

Vamos primeiramente fazer um breve exercício para ilustrar o que quero dizer com investir em si e por que isso é importante.

Você vai precisar de cinco xícaras, canecas ou copos (de papel, plástico, o que for) vazios, cinco pedaços pequenos de papel ou *post-its* e uma caneta. (Nota: você pode se sentir tentado a realizar este exercício como se fosse um experimento cognitivo, imaginando-se dando um passo por vez etc. Não é isso. Vá lá, levante-se e pegue as canecas. O exercício dura cinco minutos, do começo ao fim. Se você não tem copos vazios à mão, faça-o quando estiver em casa, mas permita-se passar fisicamente pela experiência.)

Encha um dos copos com água. Depois, coloque os outros quatro em fila e rotule cada um com as suas primeiras quatro prioridades neste momento de sua vida. Não as pessoas e coisas que você *gostaria* que fossem importantes, mas aquelas áreas que *neste momento* recebem a maior parte de sua energia e do seu tempo: seu emprego ou carreira, os filhos, concluir a reforma do porão, entrar para a diretoria comunitária, seu relacionamento romântico ou quaisquer que sejam suas prioridades.

Agora, derrube um pouco da água do primeiro copo em cada um dos outros com as suas prioridades, tentando distribuir por igual o volume de sua energia pessoal destinado a cada uma dessas quatro coisas. Tudo bem derrubar de volta e tornar a repartir o líquido até ajustar os níveis. Alguns copos acabarão ficando com mais líquido que os outros e você pode extrair os *insights* que quiser disso. Mas esse experimento com água pode ser esclarecedor em outros sentidos também. Eis algumas questões sobre as quais pensar:

- A maioria das pessoas supõe que deve verter toda a água do primeiro copo nos outros quatro. Você fez isso? Ou reservou alguma no primeiro?
- Ocorreu a você que o primeiro copo, cheio de água no começo, representa a totalidade do seu ser — seu tempo, dinheiro, energia, foco e espírito?
- Tendo isso em mente, se você pudesse derrubar de volta no primeiro copo um pouco de água, de onde ela viria? E quanto seria?
- No último pedaço de papel, escreva agora como você poderia usar a água do primeiro copo, quer dizer, se você investisse seus recursos mais em si mesmo, seu dinheiro, tempo e energia, o que faria?

Acompanhe o fluxo

À primeira vista, pareceria haver um número interminável de escolhas para cada pessoa, uma abundância de maneiras pelas quais você teria oportunidade de gastar seu dinheiro e outros recursos consigo, os quais poderiam ser considerados um investimento. Como você escolhe? Por onde começa? Como você sabe o que realmente enriqueceria sua vida?

Mihalyi Csikszentmihalyi, fundador e diretor do Instituto de Pesquisa sobre Qualidade de Vida na Universidade Graduada de Claremont, em Chicago, é um dos mais destacados pesquisadores nesse campo. O que tornou o doutor Csikszentmihalyi tão famoso é seu trabalho pioneiro sobre o fenômeno denominado "fluxo". Fluxo é o estado de total absorção numa determinada atividade, que, embora possa ser exigente ou até mesmo estressante enquanto você a está realizando, oferece posteriormente um profundo senso de satisfação. Quando conversei com o doutor Csikszentmihalyi (que se pronuncia "tchec-sentmi-hai"), ele descreveu essas atividades como "a conjunção ótima entre trabalho e diversão", porque não custam esforço e são prazerosas.

Todos os campos do saber — da psicologia à economia, da religião ao condicionamento físico — têm sua própria maneira de descrever a experiência empolgante de mergulhar numa atividade que tem partes iguais de desafio e recompensa, todas girando em torno do que o doutor Csikszentmihalyi chama de "atividades complexas produtoras de crescimento". Embora isso possa dar a impressão de que você precisa se inscrever num programa de aventuras socioeducativas do tipo Outward Bound® (organização educacional, sem fins lucrativos, pioneira mundial em educação experiencial ao ar livre), com base em milhares de avaliações e entrevistas que ele e sua equipe de pesquisadores realizaram no decorrer dos anos, o doutor Csikszentmihalyi constatou que as pessoas podem atingir esse estado de elevação fazendo praticamente qualquer coisa. Embora ele costume usar a escalada como exemplo de uma atividade capaz de inspirar grande paixão e concentração — e oferecer uma grande excitação ao ser concluída com êxito —, deixar-se transportar por uma leitura é a forma mais comum pela qual as pessoas usufruem dessa experiência profundamente satisfatória de mergulhar numa atividade que lhe oferece a sensação de estar mais vivo.

Nesse sentido, colher os benefícios de fluir com uma atividade tem menos que ver com se limitar a um pequeno leque de empreitadas e mais com identificar as coisas que para você são as mais significativas, que realmente despertam sua excitação de estar vivo e sua empolgação. Ruy, aposentado de 67 anos, descobriu isso quando um amigo o convenceu a entrar para o grupo de teatro local. Embora tivesse tido uma experiência limitada com o palco, em sua juventude, muitos anos tinham se passado desde

que Ruy tinha participado de uma produção teatral ao vivo. "De repente, eu estava decorando falas, indo a ensaios, conhecendo pessoas e até acabei dando uma aula de interpretação na faculdade pública."

Ruy também começou a passar um pouco mais de tempo com alguns amigos do teatro, saindo com eles para assistir a espetáculos regionais. "Até mesmo em seu bairro você tem de estar atento à competição", ele brinca. Essa não era bem a aposentadoria que Ruy tinha imaginado. "Se você tivesse me perguntado, quando me aposentei, se eu estava atrás de toda essa atividade, eu lhe teria dito 'não mesmo'. Mas a verdade é que me sinto mais criativo e realizado do que me lembro em qualquer outra época da minha vida", ele complementa.

Como a maioria das pessoas que identifica uma paixão ou descobre uma atividade que as torna mais cheias de vida, Ruy praticamente nem percebe seus dispêndios de tempo ou dinheiro em relação a essa atividade, porque o retorno que ela lhe oferece ultrapassa todos os gastos. Além de freqüentar sessões de teatro e cinema à noite com os amigos, Ruy entrou num grupo cujos membros fazem rodízio para recepcionar os demais com um jantar e, além disso, tem ajudado alguns dramaturgos locais a editar seus próprios textos. Parafraseando uma fala de um de seus filmes favoritos, *Regras da vida*, Ruy diz que o que descobriu não é só um tipo de entretenimento, mas um propósito: "Você precisa ter uma utilidade", ele diz. "É notável como as coisas entram nos eixos quando você decide investir em si."

Esforçar-se *versus* folgar

Por que as pessoas parecem tão satisfeitas com experiências que exigem um substancial esforço mental (e às vezes físico)? Porque parece que nós, seres humanos, adoramos experiências que nos levam até o limite de nossas habilidades e, dessa maneira, ampliamos a idéia que fazemos de nós mesmos e do que somos capazes. Na opinião do doutor Csikszentmihalyi, talvez exista um impulso inato, "uma necessidade de experimentar" que é do mesmo teor que as outras necessidades humanas básicas de alimento, calor e conforto e que, da mesma maneira, contribuem para o seu melhor nível de bem-estar.

Naturalmente, as pessoas também demonstram uma notável necessidade de assistir a programas de TV e baixar vídeos idiotas da internet. E, embora haja tempo e lugar para essas formas inconseqüentes de entretenimento, quando escolhemos entre uma agradável distração assistindo a nosso seriado favorito ou outra ocupação mais ativa, não há dúvida de qual investimento será um melhor incremento para o nosso estoque de felicidade. Embora os prazeres fáceis propiciem uma gratificação imediata, "na realidade esse tipo de retorno tende a encolher com o tempo" (ou seja, sentimo-nos entediados e inquietos), esclarece o doutor Csikszentmihalyi. "Por outro lado, o esforço despendido em aprender a tocar violão, falar um novo idioma, praticar outro esporte ou ajudar alguém de fato tende a oferecer grandes retornos futuros, quer dizer, temos um sentimento de estar gozando mais a vida como decorrência de desenvolver novas habilidades e perceber novas oportunidades."

> "Não fique na cama, a menos que você faça dinheiro na cama."
>
> *George Burns*, ator e comediante norte-americano

O que a pesquisa do doutor Csikszentmihalyi demonstra é que, investindo em atividades mais ativas e que promovem o crescimento, em todas as áreas da sua vida — no trabalho, em casa, no relacionamento com o companheiro, com os filhos, com você —, "você se sente mais feliz, mais criativo, mais contente, mais desperto e terá mais auto-estima, em comparação com sua auto-imagem básica".

Essas afirmações são endossadas pela pesquisa de Sonja Lyubomirsky, psicóloga da Universidade da Califórnia, em Riverside, e seus colegas, que comprovaram que "atividades intencionais" parecem exercer um impacto substancial sobre o bem-estar a longo prazo, quando comparadas com apenas modificar ou melhorar algumas circunstâncias atuais. Em um artigo intitulado "Em busca da felicidade: a arquitetura da mudança sustentável", a doutora Lyubomirsky relata que, quando ela e seus colaboradores analisaram estudantes universitários que tinham decidido se dedicar a alguns objetivos particulares no decorrer de um semestre, os que haviam feito progressos em relação a suas metas, ou as haviam atingido, exibiam os maiores percentuais de aumento no seu bem-estar, por até três anos mais tarde.

A doutora Lyubomirsky não pensa que o maior nível de satisfação dessas pessoas advenha da rosada auréola do sucesso. Ao contrário, investir no que ela chama de objetivos autogerados leva "a um acúmulo de experiências diárias positivas", à medida que você avança ou apenas adquire novas habilidades.

Realizar um investimento consciente em si mesmo também promove uma espécie de espiral ascendente de satisfação, à medida que você se permite expandir e explorar novas dimensões. Essa foi a experiência de Beth, 41 anos, quando decidiu voltar a estudar para aprender massagem terapêutica, depois de ter sido demitida do seu emprego no serviço público.

Alguns anos antes, seu irmão havia falecido em decorrência da aids e a massagem terapêutica fora uma das poucas coisas que lhe haviam proporcionado alívio, segundo ela. Desde então, sentira-se atraída pela idéia de se tornar massagista profissional credenciada, para poder trabalhar com pacientes com aids. O único problema era que voltar a estudar por um ano custaria, além de toda a paciência de sua família, um tremendo investimento de tempo e dinheiro até que ela pudesse começar a atender seus pacientes.

Além de uma bolsa-auxílio, Beth aceitou a ajuda de parentes para custear uma parte de suas despesas durante o curso. Mesmo com toda essa ajuda, Beth e a família tiveram de se limitar a viver com menos que a metade de sua renda familiar anterior. Muitas vezes ela se sentia intensamente culpada e tentava compensar o fato de estar se colocando em primeiro lugar. "Eu achava que tinha de ser uma superaluna, *além* de uma supermãe. Por isso, nos primeiros três meses, não parei um instante. Não conseguia me permitir o menor tempo livre. Se não estava estudando, estava limpando a casa, brincando com minha filha, garantindo que o jantar fosse servido na hora."

Felizmente, Beth não tinha concluído o curso ainda quando percebeu que seu arriscado investimento estava tendo algum retorno. Ela adorava estudar anatomia e fisiologia e parecia ter um talento natural para massagem. Assim que se ajustou à vida estudantil, ocorreu-lhe que ir em busca de um estilo de vida que achava empolgante e significativo não era só uma boa idéia, mas um investimento em si mesma que traria frutos, por muito tempo. Afinal de contas, ficara muito feliz em ajudar o marido, quando ele estava estudando arquitetura. "Nos últimos dez anos, meu foco fora totalmente dirigido para ajudá-lo a terminar os estudos e iniciar sua carreira", ela disse. "Não que não me beneficiasse disso também, mas a prioridade, quando estava na faixa dos 30 anos, foi ajudar meu marido e cuidar da minha filha. Então, resolvi que estava certo eu usar um tempo para mim agora, me ajudar a fazer aquilo que eu queria."

A boa vida começa aqui

Evidentemente, Beth embarcou num maciço investimento em si — a propósito, bem-sucedido —, mas nem todos os investimentos pessoais precisam ocupar tanto tempo ou demandar uma mudança tão grande de vida. Na verdade, do que mais gosto na história de Beth é o que aconteceu em seguida. Mais ou menos no meio do curso, Beth completou 40 anos e decidiu dar início ao "Ano para Mim", durante o qual descobriu todas as várias maneiras de se divertir e se conhecer, incluindo nadar e tomar banho de sol sem roupa, no quintal da sua casa ("Meu marido ficou um pouco surpreso", ela disse), e andar de patins, acredite se quiser. Retomar a ligação com prazeres mais ativos e físicos tornou-se o tema do "Ano para Mim" de Beth, e foi nisso que resolveu investir mais tempo, energia e dinheiro.

"Foi uma grande mudança na maneira como uso o meu 'dinheiro para me divertir'", ela disse, referindo-se a certa porção do orçamento doméstico. "Meu dinheiro estava indo exclusivamente para o pagamento de inscrições e equipamentos que eu poderia precisar", ela explicou. "Então, percebi que estava havendo muita atenção para o futuro e planos para a aposentadoria, mas estou dando muito duro para ter uma boa vida e uma parte disso consiste em desfrutá-la agora."

E ela realmente está fazendo isso: "Essa história de patinar é apenas para mim; a experiência totalmente inocente de ir ao rinque de patinação e ficar vendo aqueles atrapalhados de 14 anos zanzando por lá. Mas estou aprendendo com os moleques. Eles se divertem tanto tentando novas manobras, mesmo que se esborrachem no chão! Acho realmente saudável, mental e fisicamente, tentar alguma coisa estranha e divertida, para se desafiar de todas as maneiras".

Em algum sentido, pode ser mais fácil se imaginar gastando uma fortuna para assistir a um seminário que ajude a conseguir um aumento ou uma promoção. Depois, você pode mensurar o "sucesso" do seu investimento em termos do progresso de sua carreira. Investir em si, porém, passa por um outro tipo de cálculo, que leva em conta os ganhos em sua sensação de bem-estar, auto-estima e prazer de viver. A seguir, vou descrever alguns passos básicos que o ajudarão a começar a investir mais nesse setor fundamental do seu portfólio pessoal, a fim de aumentar o nível daquele seu reservatório de combustível cor-de-rosa.

Você está sozinho na ilha: o que *realmente* quer fazer?

Enquanto lê esta seção, tenha uma folha de papel à mão para poder anotar as idéias que lhe ocorrerem. Nesta altura, não precisa ser seletivo, nem totalmente baseado só na realidade. Trata-se apenas de produzir algumas possibilidades. Esqueça-se de quanto tempo você tem ou não tem, ou se tem algum dinheiro sobrando para qualquer uma dessas coisas (e não se importe se seus amigos pensarem que você endoidou). Lembre-se daqueles cinco copinhos e de quanto você cultiva cada parte da sua vida. Veja a seguir um guia passo a passo para recuperar uma parte dessa energia.

Passo 1 — Descubra o que você gosta de fazer

Se você não tiver um repertório de atividades no qual pensa em investir agora — como acontece com muitas pessoas —, o doutor Csikszentmihalyi recomenda que "no começo, dê ênfase a qualquer coisa que você realmente gostaria de fazer, ou sempre quis fazer quando era criança, mas nunca teve chance". Comece com uma lista de seus interesses mais antigos. Quem sabe você não gostaria de aprender:

- A escolher ações para investir
- A fazer sushi
- A desenvolver um *site*

- A ter aulas de salsa
- A construir uma estante para seus livros
- A se sentir confortável ao falar em público
- A fazer uma seleção de músicas para seu iPod
- A fazer pão
- Mais sobre os movimentos de direitos civis
- E entender a economia do mercado de fornecedores

Certo, confesso que essas são as coisas que eu gostaria de aprender, mas acho que você captou a idéia. Faça sua própria lista e então pegue pelo menos uma dessas coisas pelas quais você sente um interesse genuíno e planeje como poderia começar a desenvolvê-la.

Desentoque algum antigo talento que você tem, tire o pó e veja o que acontece. Você conhece seus talentos melhor do que eu, de modo que não preciso fazer nenhuma tempestade de idéias para isso. Mas, se não lhe ocorrer nada, gaste alguns minutos revendo os passatempos que cultivou nos últimos anos para se lembrar das coisas que poderia gostar de ter de novo em sua vida.

> "Sua visão somente se tornará clara quando você puder olhar o que há em seu coração. Aquele que olha para fora, sonha; aquele que olha para dentro, acorda."
>
> *Carl Jung*, psiquiatra suíço

Passo 2 — Deixe sua curiosidade ser seu guia

Pode ser que você esteja a fim de algo inteiramente diferente. Kate Hanley, que criou MsMindbody.com, um *site* norte-americano que trata de pequenas maneiras de investir em sua saúde e bem-estar, salienta que as pessoas costumam dizer "se eu tivesse mais tempo, eu faria isto ou aquilo". Ela recomenda prestar atenção aos momentos em que você se flagrar murmurando essas palavras. Talvez seja quando uma manchete numa revista atrai seu olhar, ou quando uma amiga descreve as últimas e inacreditáveis aventuras da tia que saltou de pára-quedas, e algo desperta a sua curiosidade. "Quando você perceber essa faísca dentro de você", Hanley diz, "responda a ela".

A fim de se abrir a novas experiências, reserve um pouco de dinheiro toda semana para uma pequena aventura:

- Assista a um espetáculo com comediantes amadores.
- Ou a um show de uma banda de que você nunca ouviu falar.
- Experimente hipnose.
- Trabalhe como voluntário numa arrecadação de alimentos.
- Assista a uma apresentação ao vivo de qualquer coisa (teatro, dança, show multimídia).
- Faça um passeio ciclístico de longo percurso.
- Participe de uma passeata, campanha de rua ou abaixo-assinado em favor de uma causa que você considere relevante.
- Renove o guarda-roupa.
- Experimente um novo restaurante.
- Vá a uma palestra.
- Contrate alguém para fazer *feng-shui* na sua casa.

Passo 3 — Preste atenção ao que lhe dá a sensação de estar certo

Como saber quando você encontrou uma ocupação que será um investimento recompensador para você? "Não é nenhuma ciência impenetrável", diz o doutor Csikszentmihalyi. "É uma questão de estarmos atentos aos nossos sentimentos e sensações, e calcular as conseqüências do que estamos fazendo." Sempre haverá a tentação de continuar com a mesma velha rotina de sempre, ou de hibernar no sofá. "Isso vale para a maioria dos adultos: é muito comum a gente preferir o caminho mais batido", diz o doutor Csikszentmihalyi. "Eu compreendo que todos precisamos relaxar, mas se você fizer isso demais, fica preso numa espécie de espiral de preguiça que termina consumindo a própria alegria de viver."

Para combater a tendência humana a escorregar para o fundo do caminho da menor resistência, preste atenção àquelas atividades que fazem você se sentir melhor, que são as mais estimulantes e agradáveis, e faça um esforço consciente para investir mais nelas. Então, diz o doutor Csikszentmihalyi, deixe seu impulso crescer naturalmente a partir disso. Para se pôr em marcha, pense em termos de "se... então..." Por exemplo:

- Se você gosta de ouvir *jazz*... então compre um CD, ou baixe um álbum de um artista que desperte sua curiosidade, ou vá a um clube de *jazz*.
- Se você gosta de decoração... então assine uma revista de decoração de interiores, ou reforme seu banheiro, ou faça um curso na área.
- Se você quer saber o que tanto o pessoal fica falando de escalada... então encontre uma academia próxima de sua casa com parede de escalada, ou faça uma aula experimental, ou torne-se membro de algum clube.

Quando você começa a cultivar novos desafios e experiências para si mesmo, aqueles que mais se encaixam irão naturalmente chamar mais sua atenção, diz o doutor Csikszentmihalyi. "Se as pessoas prestassem atenção em como se sentem depois de fazer alguma coisa que exigiu esforço e habilidade e depois comparassem essa sensação com o modo como se sentem após ficar diante da TV durante horas, poderiam começar a entender a diferença."

Kate Hanley, do *site* MsMindbody, compara a importância de investir em si mesmo com o clássico conselho que ouvimos da maioria dos consultores financeiros: "primeiro pague a si mesmo". A sabedoria implícita nessa recomendação é: reserve dinheiro para suas economias e sua segurança, antes mesmo de começar a pagar suas contas; essa é a única maneira de ter algum progresso financeiro.

"Este é um conceito similar", diz Hanley. "Se você não se dá nada primeiro e não se enriquece como pessoa, terminará se sentindo vazio. É difícil reorganizar suas idéias em torno do fato de que você é a pessoa mais importante do mundo para si próprio e que isso está certo!"

Se você está imaginando que investir em sua saúde conta como algum tipo de auto-investimento, veja o próximo capítulo.

6 Ponha dinheiro onde sua saúde está

"Se eu soubesse que ia viver tanto, teria tomado mais conta de mim."

Mickey Mantle, jogador de beisebol

Honestamente, posso dizer que durante minha vida inteira não me esforcei muito para ser saudável. A única vez em que tornei a saúde uma prioridade foi quando passei um breve período vivendo na região Norte da Califórnia. Mas, quando a gente mora lá, realmente não tem muita escolha. A bem da verdade, assim que mudei de volta para a costa Leste, fiquei chocada com a rapidez com que deterioravam os poucos hábitos saudáveis que tinha adquirido. No intervalo de poucos meses, tinha retomado minha vida estressada e sedentária, com 0% de atividades ao ar livre e contatos bastante esporádicos com frutas e legumes frescos. Minha insônia voltou. O nível da ansiedade subiu como um foguete. Minha pele não estava com boa aparência. Minha energia parecia um bote com motor ruim: ligava e depois morria. Mas, como os seres humanos de todas as partes, nem me ocorreu melhorar essas condições senão quando tive de fazer isso, porque engravidei.

No princípio, achei tão gigantesca a lista dos conselhos de saúde pré-natais que me senti paralisada. Era um sem-fim de isso sim, aquilo não, e tem que olhar isso, e deve fazer tais e tais coisas, mas nem pensar em... Só que, naquele momento, havia um bebê a bordo e eu precisava ser pró-ativa. Assim, em vez de ter chiliques por não conseguir atender a todas as menores recomendações, resolvi que, para mim, o melhor caminho seria contemplar o quadro em termos gerais e adotar um esquema simples e básico de manutenção da minha saúde. Pode ser que eu não corresponda aos ditames das políticas para gestantes, pensei com os meus botões, mas se eu conseguir atender à maioria das recomendações diárias, vou estar em posição vantajosa.

Comprei um suplemento de vitaminas para durar nove meses e todos os dias fazia algum exercício, mesmo que fosse apenas caminhar. Comi muita proteína e, sim, também aquelas verduras folhosas bem verdes que os nutricionistas estão sempre abanando na sua frente. Aprendi a fazer salada de frutas (o que, para minha total surpresa, não exigiu nenhum curso de especialização) e me fartei de alimentos orgânicos e sucos de frutas frescas. Quando me sentia cansada, parava, descansava ou tirava um cochilo. Comprei um tapetinho de yoga para fazer alongamentos em casa. Consultei um acupunturista a cada quinze dias, o que foi muito mais do que faria em outras circunstâncias, e me cuidei com vários chás de ervas, dados os seus supostos benefícios. Cuidei da minha hidratação interna, da hidratação da pele e até investi numa aula de meditação, o que eu já tinha intenção de fazer havia anos.

E me senti *ótima*. No começo, achei que fosse uma reação hormonal. Conforme os trimestres iam passando, comecei a perceber que essa sensação deliciosa de um capital de saúde se acumulando e consolidando era mais provavelmente o resultado de estar tomando todos esses excelentes cuidados comigo, pela primeira vez em décadas. Não estou descontando os benefícios da própria gestação, mas a minha sensação total de bem-estar ia além disso. Meu estado de ânimo permanecia estável, minha ansiedade desacelerou (uma amiga me perguntava o tempo todo: "Você não está a milhão. Está tudo bem?"), e eu estava dormindo melhor que nunca. Peguei uma gripe em vez de três, e me sentia fisicamente *bem*, de uma maneira consistente.

Também me senti uma boba. O que teria me custado comprar suplementos vitamínicos, adicionar alimentos frescos à minha dieta regular, sair ao ar livre uma vez ao dia, comer mais proteínas, cortar os vícios, dar tempo para desacelerar, *antes de engravidar*? "E se você tivesse cuidado justamente dessas coisas básicas a vida toda?", me perguntei. Foi espantoso pensar que, com um investimento realmente mínimo de tempo e dinheiro, eu já poderia estar colhendo, há vários anos, os benefícios de estar em dia com a minha saúde.

Compondo seus investimentos

Não será nenhuma surpresa para você saber que pesquisas científicas rigorosas constataram um relacionamento positivo entre ser saudável e ser feliz. (Segundo um levantamento sobre qualidade de vida, realizado pelo sociólogo Glen Firebaugh, da Universidade de Pittsburgh, somente 5% das pessoas com má saúde se dizem felizes, em comparação com perto da metade dos que se encontram com saúde excelente.) Mas o que você talvez ache interessante é que ser saudável e feliz não exige que você entre para o Clube dos Vegetarianos ou se mantenha compulsivamente atento para que o seu índice de gordura corporal não passe de 3%. Existe um modelo mais suave e amistoso que os cientistas descobriram ser igualmente eficiente: pequenos e constantes investimentos em um modo de vida ligeiramente mais saudável, no geral, rendem grandes retornos.

Minhas pesquisas favoritas são aquelas em que os participantes praticam alguma forma leve de exercício uma vez por semana, como caminhar ou cuidar do jardim, e chegam aos 100 anos. Tudo bem, isso é um pouco de exagero, mas um grupo de pacientes reduziu em 70% seu risco de morrer por parada cardíaca apenas começando a se exercitar uma vez por semana.

Um outro grupo aboliu o risco de doenças cardíacas e baixou significativamente a pressão sanguínea investindo em meras três horas semanais de uma atividade física moderada — isso quer dizer dezessete minutos por dia! —, além de reduzir o consumo de sal e aumentar a ingestão de frutas, verduras e legumes.

> "A felicidade consiste em atividade. É um riacho em movimento, não um lago de águas estagnadas."
> *Oliver Wendell Holmes*, médico e escritor norte-americano

Como percebi durante minha gravidez, essas pesquisas endossam o equivalente físico do que os investidores financeiros chamam de "manter o custo médio do dinheiro", uma estratégia que consiste em injetar quantidades constantes de dinheiro no mercado, a intervalos regulares, o que surte o afortunado efeito de minimizar seus riscos e maximizar seus ganhos, graças a um montante mínimo de esforço. Não é nada tão espetacular quanto comprar 10 mil dólares em um lote de novas ações promissoras, mas uma coisa que deixa louca a maioria dos consultores financeiros é o investidor potencial hesitar em destinar dinheiro para uma conta de investimentos ou de aposentadoria porque só pode depositar valores pequenos. Na realidade, são esses pequenos investimentos que, com o tempo, fazem uma imensa diferença em termos do valor final, e o mesmo princípio se aplica à sua saúde, conforme atesta o doutor William Vollmer, investigador norte-americano do Centro Kaiser para Pesquisas Permanentes em Saúde e co-autor do estudo sobre cardiopatias citado anteriormente. "Essas pequenas medidas preventivas rendem altos dividendos a longo prazo", diz ele.

"O que esse estudo demonstrou", salienta o doutor Vollmer, "é que as pessoas podem fazer múltiplas mudanças em seu estilo de vida, a longo prazo, e não só essas mudanças não custam muito — para alguns, comer frutas e legumes frescos custa só um pouco mais caro — como ainda são coisas que estão facilmente ao seu alcance".

Assim, embora seu bem-estar físico possa ser um elemento nuclear do seu portfólio, seu foco não tem de ser ganhar uma medalha olímpica em saúde, mas fazer o que puder para se sentir bem. Além disso, investir em sua saúde tem um efeito comparável ao de colocar dinheiro no banco, de acordo com o economista canadense John Helliwell. Avaliando vários fatores, como a perda de um emprego ou uma doença, em termos de seus equivalentes na renda (um cálculo complexo destinado a medir o impacto econômico de alguns eventos da vida), o doutor Helliwell constatou que as pessoas consideram ter más condições de saúde o equivalente a sofrer uma enorme perda financeira.

Seja qual for a maneira como você encara essa questão, praticamente todas as pessoas sabem que se sentir saudável é vital para a felicidade e que vale a pena investir nisso. Mas a verdadeira razão pela qual sua saúde deve ser um pilar do seu portfólio da felicidade é que ser sadio rende dividendos duplos: (1) há poucas coisas na vida mais prazerosas do que o puro bem-estar físico, e (2) ter um reservatório de boa saúde garante os recursos necessários para extrair mais de todas as outras áreas de sua vida.

A boa saúde leva a escolhas mais felizes

Elaine, de 57 anos, diz que aprendeu o valor que tem investir na própria saúde há mais ou menos oito anos, quando começou a trabalhar numa casa de repouso, em Peachtree City, na Geórgia. Embora não estivesse com a saúde em mau estado nessa ocasião, passou pela inusitada experiência de poder observar dezenas de pessoas em seus 70, 80 e 90 anos ("A nossa mais idosa tem 104 anos agora", ela diz), todas funcionando com diferentes níveis de bem-estar. "Algumas delas vão muito bem; conservaram seus dentes, comem bem, gostam de conversar, e eu fico me perguntando como conseguiram isso. Como foi que não ficaram com Alzheimer, osteoporose ou problema de coração?"

Elaine diz que, quando buscou informações sobre o histórico daqueles residentes, ficou sabendo que, embora alguns tivessem sido abençoados com uma boa saúde a vida toda, muitos tinham recebido "um chamado para despertar" e decidido tornar sua saúde uma prioridade para a vida toda. "Talvez tenham tido câncer de mama, ou alguma outra enfermidade muito grave, mas derrotaram o problema. Em alguns casos isso se passou há trinta anos, e agora essas pessoas estão com 90".

Elaine percebeu que não precisava esperar que alguma enfermidade se abatesse sobre ela para mudar seus hábitos. "Quando você começa a observar esses idosos em ótimo estado, você se olha no espelho e pensa 'O.k., como conservar o que eu tenho hoje pelo maior tempo possível?'"

No início, Elaine se concentrou em melhorar alguns aspectos básicos de sua saúde. Cortou o açúcar e evitava comer "aquelas porções gigantescas" às refeições. Assim que começou a levar mais a sério sua saúde, passou a alocar dinheiro onde sua saúde estava. Comprou um bom par de tênis para caminhar e continuou inscrita numa academia de ginástica, para poder usar a esteira sempre que possível. Mas, como adora estar ao ar livre, também faz questão de passear nos fins de semana com a filha de 22 anos e uma amiga, indo até a praia ou a montanha. "No começo, elas subiram a encosta correndo enquanto eu pensava que ia morrer", Elaine conta rindo. "A gente realmente perde a forma quando fica mais velho."

Graças a esses pequenos investimentos, não só Elaine comprovou a melhora gradual de suas forças e resistência — além de ter perdido alguns quilinhos —, como percebeu que sua qualidade de vida tinha evoluído significativamente. "Tenho mais energia, me sinto melhor e simplesmente estou aproveitando mais a vida", ela disse.

E sua satisfação não parava por aí. O verdadeiro rendimento de investir em saúde vem quando você olha para os lados e pode usufruir ainda mais a sua vida. Sentindo-se mais revigorada do que em muitos anos, Elaine começou a gastar mais com passatempos como aprender a trabalhar com cerâmica, costurar, tocar piano e observar pássaros, atividades que ela costumava adorar e sempre pensara que precisaria ter mais recursos para cultivar. "Mas os anos vão passando, você fica mais velho e então pensa: 'Quando é que vou fazer aquelas coisas que quero fazer quando tiver tempo?'"

Tendo investido um pouco mais em sua saúde, Elaine percebeu que, de fato, tinha o tempo e o dinheiro para enriquecer sua vida com todas aquelas ocupações. E ela sabe que os ganhos continuarão chegando. "Eu vi o que acontece com as pessoas na casa dos 90 anos. É muito grande a diferença entre aqueles que decidiram colocar sua saúde em primeiro lugar e os outros. Essa é a qualidade de vida que eu quero."

Fórmula para se sentir bem

Observação: o regime de saúde de Elaine baseou-se em fazer coisas que lhe davam sensação de bem-estar. Os sujeitos da pesquisa sobre doenças do coração não tinham de percorrer um triatlo; eles encontraram maneiras mais fáceis de se exercitar. Por conseguinte, quando pensar em investir em sua saúde, lembre-se de que deve ser um exercício prazeroso, não uma questão de disciplina e privações. A menos que você aprecie essa espécie de coisa. Seja qual for o passo que você decida dar, que seja divertido, agradável. O economista canadense John Helliwell assinala que está na nossa natureza humana resistir a fazer o que nos causa bem-estar. "A melhor maneira de manter regularmente atividades que fazem bem à saúde é combinando-as com alguma outra coisa que nos traga satisfação de viver." Por exemplo, incluir um componente social é uma excelente maneira de assegurar que seu investimento proporcione retorno, acrescenta o doutor Helliwell, salientando que "as pessoas portadoras de enfermidades debilitantes vivem mais tempo quando pertencem a um ambiente socialmente acolhedor, com amigos ou entes queridos". Da mesma forma, é mais provável você manter seu ritmo de correr regularmente se tiver alguém com quem fazer isso, ele diz, assim como é mais provável você praticar seu esporte com constância se tiver alguns amigos; você também pode comprar algum equipamento esportivo básico e formar um time.

> "Todo paciente leva em si o próprio médico."
> *Albert Schweitzer*, teólogo, músico, filósofo e médico alsaciano

Veja a seguir algumas maneiras de investir seu dinheiro e seu tempo numa condição permanente de saúde.

- **Pague um pouco mais por alimentos realmente frescos ou de qualidade superior.** Tive uma colega que pagava preços exorbitantes por azeite de oliva de primeira classe porque dizia que tudo que preparava ficava com melhor sabor. Outras pessoas preferem pagar um pouco mais pelas vantagens (e sabor superior) de produtos orgânicos, como carne de gado alimentado com gramíneas ou frangos criados sem rações químicas duvidosas.
- **Incremente sua mensalidade na academia.** Vale a pena investir numa academia com mais recursos ou adquirir um programa com mais privilégios se isso significar que você passará a se exercitar mais assiduamente. Ou entre para uma academia perto de casa, mesmo que custe mais, porque quanto mais for conveniente, provavelmente você a freqüentará mais vezes. Melhor para sua saúde e *também* para seu orçamento básico: de acordo com uma pesquisa com oito mil alunos de academias de ginástica, cerca de 80% abrem mão de todos os benefícios disponíveis para pagar menos na mensalidade da academia.
- **Pague mais por um atendimento médico personalizado.** Hoje em dia, muitas pessoas são seduzidas por planos de saúde que limitam a escolha dos médicos. Às vezes, é um melhor investimento gastar um pouco mais e con-

sultar-se com um médico de quem você goste e em quem confia, e que vai lhe dedicar tempo e atenção.

- **Pague mais por verduras limpas e embaladas a vácuo.** É verdade, espinafre, alface e outras verduras já limpas e embaladas a vácuo custam mais, mas se é mais provável que você as acrescente à sua alimentação quando já as encontra convenientemente prontas para consumo, o preço fica pequeno diante de toda a vitamina B e de todo o teor de fibras que você vai ingerir.
- **Invista em equipamentos que você vai usar.** Esqueça aquela máquina de remar, guardada no "quartinho de bagunça", se você sabe que nunca vai usar. Uma compra melhor no seu caso é um bom par de tênis específicos para caminhadas e corridas.

- **Experimente métodos de terapias alternativas.** Conforme aumenta o custo dos remédios e do atendimento tradicional de saúde, mais e mais pessoas estão investindo em terapias alternativas, que incluem suplementos vitamínicos, chás, acupuntura, quiropraxia, reiki e outras modalidades. Segundo um artigo publicado no *New York Times*, os norte-americanos gastaram em torno de 27 bilhões de dólares em atendimentos alternativos em saúde, e 48% da população usou pelo menos um tratamento desse tipo em 2004, em muitos casos para melhorar o nível de seu bem-estar.
- **Enriqueça seu cérebro.** Uma das maneiras mais poderosas de minimizar a deterioração mental e o início de um quadro de Alzheimer consiste em exercitar sua mente. Não é possível participar de uma academia de ginástica mental, mas você pode investir em revistas de palavras-

cruzadas, de sudoku, permanecer em contato com uma rede social, fazer cursos para continuar aprendendo alguma coisa. Como salienta Elaine, essas ocupações podem parecer investimentos para quando você se aposentar, mas surtem um efeito colateral muito prazeroso ao enriquecer sua vida agora.

- **Pague para rir.** Alugue filmes de desenho animado, seriados para a família ou o que você achar engraçado. Compre livros cômicos. Vá ao teatro e opte pelas comédias. De acordo com um estudo publicado pela Universidade de Maryland, rir mantém seu coração saudável ao dilatar os vasos sanguíneos e aumentar o fluxo do sangue. Outras pesquisas também comprovaram que rir reduz os hormônios do estresse, diminui a tensão e melhora o funcionamento do sistema imunológico. Quando estiver pensando num programa para fazer à noite, gaste um pouco mais e garanta bons risos.
- **Invista na cama.** Existe alguma coisa que uma boa vida sexual não consiga curar? Com base em todas as pesquisas existentes, uma vida sexual satisfatória ajuda a dormir melhor, a se proteger da depressão, melhora a circulação, reduz a quantidade de hormônios de estresse no seu corpo e contribui para um relacionamento feliz (que, como você verá no capítulo 9, é um investimento em si). Então, se você não tem certeza se compra um novo DVD ou algo mais sensual que desperte a libido, onde você acha que deveria mesmo pôr o seu dinheiro?

Acima de tudo, lembre-se daquele conceito financeiro de "manter o custo médio do dinheiro". Muitas pessoas justificam seus "intensivos de sofá" perguntando: "Mas que diferença faz eu ficar sentado aqui ou sair para andar?". Bom, agora você já sabe. Você só precisa escolher uma coisa da lista que acabou de ler para começar a se sentir melhor e talvez passar a ter aquela sensação de bem-estar aumentando em espiral.

Afinal de contas, investir nesses ativos de saúde renderá agora mais ganhos em felicidade, e talvez até mesmo um futuro financeiramente mais seguro e satisfatório. Construindo uma vida mais saudável agora, você pode reduzir drasticamente o impacto financeiro do aumento da sua idade. Isso não deixa qualquer um feliz?

E, falando em dinheiro, está na hora de passarmos à discussão de como maximizar sua saúde financeira.

7 Quite suas dívidas

"Estou vivendo tão além da minha renda que quase podemos dizer que estamos levando vidas separadas."

e. e. cummings, poeta norte-americano

Até agora, falamos principalmente sobre as diversas maneiras pelas quais ser prisioneiro do estilo de vida consumista de hoje em dia pode liquidar sua qualidade de vida. O outro principal problema com o estilo de vida "ter-gastar" é que, se não for contido, causará grandes estragos em sua estabilidade financeira. Especificamente, estou falando de entrar em dívidas, viver em débito e não ser capaz de se livrar disso.

Esta não é somente uma questão financeira. Poucas coisas podem deixá-lo mais infeliz do que viver sob uma nuvem constante de pressão financeira. Um estudo realizado pela pesquisadora Barbara O'Neill, da Rutgers, com mais de três mil pessoas com dívidas e outros problemas financeiros comprovou que 42% dos sujeitos disse que sua saúde tinha sido negativamente afetada por seus apuros com dinheiro. Um pouco mais de 58% dessa população especificou que sofria de estresse, aflição, tensão e ansiedade, e praticamente 20% disse que tinha passado um período em depressão, sofrendo de insônia, por causa de suas dificuldades financeiras.

De acordo com um relatório conjunto, emitido por estudiosos acadêmicos e profissionais executivos, algo como trinta milhões de trabalhadores americanos, ou seja, um em cada quatro, estão em sérias dificuldades financeiras, principalmente por "uso excessivo do crédito". Quase a metade dessas pessoas confirmou comprometimento de seu bem-estar físico e mental em decorrência dessa situação. E. Thomas Garman, professor emérito da Universidade de Tecnologia da Virgínia e um dos co-autores desse estudo, salienta que surgem problemas quando as pessoas superestimam o montante do dinheiro emprestado cujo custo podem arcar, para a vida que levam. Ele diz: "Trata-se do estilo de vida dependente do crédito. E quando você esticou toda a sua corda financeira, vem a ansiedade, o que acrescenta mais outra camada de tensão em sua vida, contaminando seu emprego, sua vida no lar, seu relacionamento com o cônjuge e os filhos".

Pior ainda, aqueles que se vêem presos na teia grudenta do débito podem perceber como é difícil se desvencilhar das dívidas, não porque isso requer disciplina e força de vontade, mas porque vivemos numa época que acolhe amistosamente o devedor. Tornou-se muito confortável tomar empréstimos e as pessoas se acostumaram a conviver com altos níveis de débito, algo que, há dez ou vinte anos, seria impensável. Robert Manning, autor de *Credit Card Nation* [Nação Cartão de Crédito] e uma das principais autoridades sobre dívida nos Estados Unidos, realizou uma pesquisa que documenta a crescente tolerância dos americanos a estar endividado em praticamente todos os estágios da vida.

"No passado, as pessoas baseavam seu orçamento em 80 a 90% dos seus ganhos", diz o doutor Manning. "Agora, com base no Levantamento das Finanças do Consumidor, vemos que as pessoas estão vivendo com mais ou menos 120% de sua renda individual." Existem dois motivos pelos quais estar endividado não pode coexistir com qualidade de vida. O primeiro tem que ver com o nível crescente de tensão e estresse causado pelo débito, como acabei de mencionar; e o segundo é uma questão de simples aritmética. Cada valor que você paga para cobrir suas dívidas é menos dinheiro que você tem para investir na vida que realmente quer ter.

Em outras palavras, esse é de fato um item que você não quer que apareça no seu balanço. Ter dívidas é como jogar fora os ativos que compõem seu portfólio da felicidade.

Quando as dívidas levam sua vida embora

Era nessa situação que Rebeca, de 37 anos, e Saulo, de 31, se encontravam há alguns anos. Embora Rebeca estivesse ganhando um bom salário em seu trabalho nas Nações Unidas e Saulo também não estivesse se saindo mal como designer gráfico *freelance*, ambos estavam gastando tudo que ganhavam — e mais um pouco. Sua fraqueza: viajar. O trabalho de Rebeca levava-a freqüentemente a lugares exóticos, "e a gente costumava emendar uma semana extra, depois de concluído o meu trabalho, e fazia disso uma espécie de férias", ela disse.

Como muitas pessoas que gastam além da medida, mas tentam não perceber que estão fazendo isso, sua principal argumentação era que estavam... poupando! Os bilhetes de avião de Rebeca saíam de graça porque eram pagos pelo orçamento do trabalho, de modo que eles só precisavam comprar a passagem de Saulo, arrumar um pouco de dinheiro para a hospedagem, e pronto! Férias baratas. Exceto que todas essas férias baratas, com comer fora e outros hábitos perdulários, rapidamente foram bater na casa de uma bela dívida de 6 mil dólares.

Felizmente, o casal foi forçado a encarar esse problema do endividamento porque ele terminou se mostrando um imenso obstáculo em seu projeto de dar o próximo passo na vida: voltar para a Austrália, país de origem de Rebeca. A manutenção do débito estava consumindo uma parte tão grande de seu fluxo monetário que eles não conseguiam poupar nada para realizar seu plano, e isso estava deixando o casal muito infeliz. "Era incrivelmente estressante saber que estávamos ganhando bem e que uma parcela ridícula do nosso dinheiro ia diretamente para os nossos cartões de crédito. Diante disso, ficávamos adiando nossa mudança, que era o nosso verdadeiro sonho."

> "A pessoa que acha que dinheiro vai torná-la feliz não tem dinheiro."
>
> *David Geffen*, empresário norte-americano

Essa é a verdadeira razão pela qual qualquer pessoa deve sair de uma situação de débito: enquanto nosso dinheiro estiver servindo para alimentar aqueles quadradinhos de plástico, impedimos os nossos próprios investimentos em felicidade, na realização dos nossos sonhos.

Quando Rebeca e Saulo se deram conta do preço que estavam pagando, e que sem medidas drásticas para sair do endividamento eles nunca realizariam seu sonho de voltar para a Austrália, decidiram adotar medidas espartanas para quitar seu débito. Pararam de viajar, de comer fora, cortaram todos os gastos desnecessários, até mesmo a cerveja — o que foi difícil para Saulo —, e estipularam que sua prioridade seria eliminar as dívidas para poderem economizar e voltar para a Austrália.

"Não sei se teríamos nos esforçado tanto se não fosse por esse objetivo", Rebeca admite. Usando seu conhecimento de planilhas em Excel, criou gráficos "em pizza" que mostravam suas metas de economia e seu progresso na quitação da dívida.

Toda semana ela imprimia um novo gráfico, mostrando quanto tinham economizado e quanto estava indo para quitar os cartões. Depois, pendurava na porta da geladeira. Custou um bom sacrifício, mas em um ano o casal tinha poupado 18 mil dólares e, na época em que se mudaram para a Austrália, tinham quitado praticamente a maior parte de seu débito.

"Ainda temos uma dívida de 2 500 dólares porque a mudança foi um pouco mais cara do que tínhamos imaginado", Rebeca escreveu num *e-mail* enviado da Austrália. "Mas continuo orgulhosa do quanto nós quitamos; provavelmente, conseguiremos dar conta do resto durante o ano, com tranqüilidade."

Sair do endividamento, como puderam perceber, tornou-se uma forma inesperada de investimento para Rebeca e Saulo, investimento numa maneira de viver muito mais gratificante. Rebeca decidiu voltar a estudar para terminar o curso de MBA, outro investimento que não poderia ter bancado antes. Saulo resolveu que conseguia arcar com os custos de surfar. Quando conseguiram se safar da vida comandada pelos quadradinhos de plástico, redescobriram o que era viver a vida. Não foi só quitar a dívida que resolveu o problema, foram todas as habilidades que desenvolveram a fim de conquistar controle sobre suas finanças: saber para onde seu dinheiro estava indo, aprender a economizar, ser capaz de estipular prioridades financeiras.

Menos dívida é igual a mais paz de espírito

Esse é o bônus secreto que está em jogo. O espantoso efeito colateral decorrente de conseguir conter e diminuir as dívidas é que se torna necessário colocar ordem em toda a sua situação financeira.

Claro que um débito nem sempre é resultado de irresponsabilidade financeira. Divórcio, uma enfermidade inesperada, a vida é repleta de despesas imprevistas e às vezes muito comprometedoras, que podem mandar para o espaço sideral das dívidas até as pessoas mais ajuizadas. Para muitos, entretanto, o débito é uma confluência de circunstâncias e maus hábitos, e se livrar dele requer colocar as coisas em ordem.

Seja qual for a razão do seu débito, o melhor método de domar a fera consiste em algo que chamo de Redução Extrema do Débito. Não serve para os preguiçosos, os indecisos nem aqueles que querem se safar das dívidas, mas não querem realmente mudar seu estilo de vida. Desculpe. Este sistema é somente para as pessoas que estão levando a sério um plano para a total eliminação de suas dívidas. Esta é uma abordagem que envolve sua vida como um todo, visando a eliminação de todas as suas dívidas desnecessárias. Safar-se do débito não envolve apenas ficar livre de contas mensais, ou poupar muito dinheiro com lucro — o que acabará acontecendo —, mas em última instância diz respeito a sentir a força e a paz de espírito que vêm de saber que você está no controle de sua vida financeira.

Há muitos tipos de dívida, mas por enquanto vamos focalizar o débito com cartão de crédito que pode ser tanto o tipo mais comum como o mais desmoralizador de todas as espécies de débito. Não que as demais espécies de dívida sejam menos importantes, mas nem todas comem vivo o seu dinheiro. Um financiamento de imóvel, carro ou universitário podem até ser investimentos — em você mesmo ou em sua propriedade — capazes de render ganhos substanciais, tanto em termos de qualidade de vida como de lucro monetário.

Por isso, quando fizer uma lista de todas as suas dívidas, que será uma atividade para daqui a poucos instantes, coloque primeiro as piores, pois essas são a sua prioridade de quitação, e por último as "boas" dívidas, de acordo com a relação a seguir. Como você verá, o débito com cartões de crédito vem em primeiro lugar na lista porque, exceto dever dinheiro para um agiota, é o pior tipo de dívida que uma pessoa pode ter. Impostos atrasados vem a seguir (pois são cobrados com multas e juros), e por aí vai, lista abaixo, até financiamentos de imóveis e universitário, que certamente são dívidas, mas também são investimentos. (A pessoa que, por exemplo, investe numa graduação universitária, tem possibilidade de ganhar, em média, quase o dobro do salário anual recebido por quem tem somente o ensino médio.)

DÍVIDAS MAIS COMUNS

- Cartão de crédito
- Impostos em atraso
- Empréstimos
- Financiamento de carro
- Financiamento da casa ou linha de crédito bancário
- Financiamento universitário

Alguns especialistas em finanças pessoais adotam uma linha intransigente a respeito de dívidas e, para estes, *todo* débito é um mau débito. Dinheiro é que manda. Concordo com isso em termos, pois alguns tipos de débito — como a maioria dos cartões de crédito, financiamentos imobiliários e até mesmo impostos em atraso — vêm a tal ponto inchados com juros (e, em certos casos, multas e outras taxas) que seu pagamento mal dá para cobrir uma parte pequena do montante devido.

Já se escreveram muitos livros apenas sobre a questão do endividamento, mas prefiro aqueles que dão ênfase ao contexto maior. O que a maioria das pessoas com dívidas necessita é de um curso intensivo sobre como viver mais modestamente, realinhando seu comportamento financeiro de modo que reflita seus valores, em vez de efetuar milhares de compras impulsivas e se permitir um sem-número de mimos. O restante deste capítulo será dedicado a um único método, simples como um raio laser, para detonar o pior débito e eliminá-lo da sua vida.

Extrema redução do débito em cinco passos

Nada do que vou lhe dizer a seguir é novidade. Alguns dos passos até parecerão familiares. Todos são simples e diretos. A diferença neste método de Extrema Redução do Débito está em que, se você adotar todos os passos, em seqüência, *com firmeza e determinação*, eles realmente o tirarão das dívidas. Você não precisa adotar os cinco passos todos hoje. Na realidade, é até melhor se você distribuir as tarefas ao longo de uma semana, mais ou menos. Para tanto, incluí um comentário sobre quanto tempo cada passo pode levar, a fim de que você consiga melhor encaixá-lo na sua agenda. Pergunte a qualquer estrategista militar: o planejamento realista é a chave do sucesso.

A outra realidade a ter em mente, enquanto se prepara para combater esse adversário particular, é que nenhuma batalha jamais foi vencida sem algum sacrifício. Assim, pergunte a si mesmo: estou preparado para fazer sacrifícios? Eu adoraria dizer que você pode continuar curtindo seu estilo de vida atual e que estes pequenos passos o livrarão das dívidas. Infelizmente, seu estilo de vida atual é provavelmente o que o levou a se endividar. Assim, seu *status quo* vai mudar. É uma situação radical. Lembre apenas que qualquer incômodo temporário que você tiver é um preço pequeno a pagar pela honra, pela glória e pela paz de espírito financeira que você vai sentir quando finalmente se livrar das dívidas.

> "Aquele que não trabalha pelo amor ao trabalho, mas somente por dinheiro, provavelmente não fará muito dinheiro nem achará muita graça na vida."
> *Charles M. Schwab*, empresário norte-americano

Passo 1 — Conheça o inimigo

O primeiro passo consiste em se ocupar em calcular exatamente o montante de suas dívidas porque: a) ninguém realmente quer saber, e b) enquanto não tomar conhecimento, não saberá o que tem a enfrentar, ou o que vai lhe custar sair vitorioso no final.

Para tanto, você precisará de:

- Cópias de todas as faturas do seu cartão de crédito e demonstrativos
- Uma calculadora
- Uma pasta

Anote exatamente quanto você deve, até os menores centavos, para quais bancos ou instituições, a que taxas de juros. Se você não sabe ou não consegue entender as letrinhas miúdas, não hesite em ligar para a companhia. É para isso que serve a central de atendimento ao cliente.

Repare, por favor, que não incluí ter à mão uma caderneta, como tantos livros recomendam. Quem vai querer deixar por escrito, num lugar que qualquer um pode ver e ler, quanto está devendo? Mas quero que você seja honesto e corajoso. Assim, depois que tiver anotado tudo, guarde seus papéis em sua pasta confidencial para a Extrema Redução do Débito.

ESTE PASSO LEVA DE 15 A 30 MINUTOS

Passo 2 — Levantamento de terreno

Use uma calculadora de débitos vencidos *on-line*; na internet estão disponíveis diversas calculadoras que ajudarão você a ter uma idéia real do quanto deve.

Usando esse tipo de calculadora, você pode verificar o prazo em que se verá livre do endividamento, à base de seus rendimentos atuais. Por exemplo, se você tem uma dívida de 8 700 reais a 9% de juros, e está pagando 200 reais por mês (o que está perto do mínimo pagamento médio de 2% do débito), serão precisos 53 meses para quitar a dívida, supondo que você não compre mais nada a crédito com esse cartão, nunca faça um pagamento em atraso e nunca deixe de efetuar um pagamento. Anote por quanto tempo você manterá a dívida, no ritmo atual de pagamentos.

ESTE PASSO LEVA DE 10 A 15 MINUTOS

Passo 3 — Verifique suas opções

Agora, usando a mesma calculadora *on-line*, faça a simulação com valores diferentes de pagamento para ver quanto um valor mensal maior poderá acelerar a quitação da dívida. (Usando o mesmo exemplo acima, se você aumentar o valor mensal para 300 reais, ficará livre dessa dívida em 33 meses.)

A seguir, acesse diferentes prazos de quitação. Se você quer ficar livre dessa dívida em dois anos, seus pagamentos mensais deverão girar em torno de 400 reais. Para escapar dela em 12 meses, você deverá depositar mensalmente 760 reais. O que lhe parece possível fazer, neste momento? Você conseguiria realizar o esforço de pagar 760 reais todo mês para zerar a dívida *em um ano*?

ESTE PASSO LEVA MAIS OU MENOS 10 MINUTOS

Passo 4 — Escolha suas armas

Agora que você já pesou algumas opções, com valores mensais diferentes de pagamentos e prazos, precisa escolher, com base em seus recursos e na força do seu desejo, que plano de pagamentos e que prazo geral da quitação é o ideal no seu caso.

Mantenha seu objetivo em mira e seja tão implacável quanto puder. Não só porque é divertido pensar como um guerreiro contra dívidas, mas porque o exército do cartão de crédito está posicionado para atacar você, eu e qualquer pessoa com uma dívida em sua bandeira. Por exemplo, você não vai chegar a parte alguma pagando somente o valor mínimo. Eles deviam chamar isso de pagamento de manutenção do débito porque na realidade é isso. Até mesmo a recomendação padrão dada por muitos consultores em finanças pessoais é inadequada: dizem que você deve pagar pelo menos o dobro do pagamento mínimo. Uma vez que este fica entre 2% e 4% da dívida, o dobro do pagamento mínimo pode representar (dependendo da taxa de juros) que você só está pagando um pouco mais dos juros que estão acumulando e uma pequena parcela do principal.

Para realmente progredir, sugiro que você pague o *quádruplo* do que o seu cartão diz que é o mínimo.

A seguir: não deixe a cargo de sua humaníssima disposição pessoal efetuar os pagamentos desse plano. Programe pagamentos automáticos contra sua conta-corrente a favor da fatura do cartão. Você pode fazer isso *on-line*, no *site* do seu banco. Se não tem certeza se seu banco oferece esse tipo de pagamento ou transferência automática, telefone para seu gerente. Geralmente é um serviço isento de taxas e só leva alguns minutos para resolver. E, atualmente, a maioria das transações *on-line* é segura. Pense na conveniência de efetuar pagamentos semanais, o que reduz mais depressa a quitação da dívida do principal e o impacto dos juros.

COMPLETAR ESTE PASSO LEVARÁ MAIS OU MENOS 15 MINUTOS OU ALGUMAS HORAS, DE ACORDO COM O TEMPO GASTO PARA AVALIAR SEU ORÇAMENTO E POSSIVELMENTE CONVERSAR COM SEU CÔNJUGE. ENQUANTO ISSO, VEJA O PASSO 5.

Passo 5 — Ataque

Se você é como a maioria das pessoas, a lógica de pagar mais para se safar do débito mais depressa parece irresistível, exceto por uma coisa: de onde vai sair o dinheiro extra?

É fácil: quanto você está disposto a ser criativo e audacioso? É verdade que até mesmo um pequeno aumento nos pagamentos ajudará, mas se o limite dos seus recursos agora é esse, respeite-o. Porém, se quiser anular suas dívidas, terá de jogar parcelas significativamente maiores de dinheiro nelas. Mas não para sempre! Esta pode ser uma batalha feroz, mas o propósito da Extrema Redução do Débito é se livrar disso depressa, *para poder investir mais na sua vida.*

Sabendo aonde vai o seu dinheiro

Enquanto você estiver voltado para a Extrema Redução do Débito, seu objetivo consistirá em desviar tanto dinheiro quanto puder de despesas secundárias para dirigi-lo à quitação da dívida. Antes de se comprometer com um plano de ataque, gostaria que fizesse uma revisão dos exercícios com gastos, nos capítulos 2 e 3. Se você ainda não os fez, está na hora. O débito é um problema de "gastar mais do que tem...", então, você não conseguirá progredir em relação ao seu endividamento até adquirir o controle de seus gastos.

Um exame mais detalhado de seus hábitos de compras acaba em geral redundando em mais dinheiro, mas, para poder atacar agressivamente as suas dívidas, veja algumas outras maneiras de poder ganhar ou obter mais dinheiro. Muitas destas medidas podem parecer desconfortáveis, e são mesmo. Mas, repito, são temporárias.

- **Interrompa o reflexo de gastar.** Para quem tem dívidas, não é só uma questão de ter de gastar menos: *você tem de parar de gastar.* Deixe os cartões de crédito em casa para não ser tentado a comprar coisas para as quais você não tem dinheiro e, assim, poder sair do vício de usá-los. Antes de comprar um pacotinho de chicletes que seja, aprenda a se perguntar se essa despesa é realmente necessária. Pode demorar um pouco até você instalar esses novos hábitos, mas em breve perceberá quantas das despesas que você alimentava eram supérfluas.

- **Mude para a casa de parentes ou amigos.** Mesmo que seja adulto. Mesmo que tenha filhos. Muitas e muitas pessoas tiram uma breve folga, nem sempre depressiva, de sua vida independente e vão morar com parentes e amigos para economizar dinheiro. Estabeleça um prazo para essa estratégia e saia quando disse que o faria. Converse sobre todos os detalhes (dinheiro, tarefas dentro da casa, compra de mantimentos, privacidade) antes de se mudar e mantenha o diálogo totalmente aberto para não acumular ressentimentos.
- **Arrume alguém para dividir as despesas da casa.** Se você tiver um quarto extra, ou puder arranjar um espaço que dê para alugar, essa é uma forma excelente de gerar renda. Converse sobre todos os detalhes com o seu "inquilino".

> "Aprenda a cozinhar! É assim que a gente economiza."
> *Julia Child*, em seu livro *Julia Child's kitchen*
> [A cozinha de Julia Child]

- **Trabalhe mais.** Se seu tempo já está inteiramente ocupado, esta pode não ser uma opção, mas se você tiver gás para alguma ocupação de meio período que seja, nos fins de semana, tudo que você ganhar ajuda. Coloque esses pagamentos diretamente a serviço de diminuir a dívida, não deixe que esse dinheiro entre em sua conta-corrente nem por um minuto.

- **Faça um empréstimo.** Se você tem um amigo, colega de trabalho ou parente de quem possa emprestar dinheiro, sem juros, para poder quitar todo o seu débito ou uma parte dele, esse valor pode reduzir significativamente o montante total que você tem a quitar. De novo: defina termos muito claros a respeito da duração desse empréstimo e de qual é o seu plano para devolvê-lo.
- **Venda bens.** Quando Lynnette Khalfani, autora de *Zero debt* [Débito zero], enxergou um buraco orçado em 100 mil dólares graças a gastos maciços com cartões de crédito, ela fez tudo que pôde para cobrir esse débito, até mesmo vendendo um pedaço de terra no qual tinha investido. Se você não tem bens de grande porte, venda tudo que puder dispensar pela internet ou até mesmo numa modesta "liquidação de garagem". Você nunca poderá saber quando aquele conjunto para sal e pimenta, que te deram de presente de casamento, vai virar um belo dinheirinho.
- **Comece uma poupança.** Pode parecer contrário a todo bom senso, mas, para se livrar de uma dívida, você tem de consolidar uma poupança suficiente para cobrir alguns gastos inesperados, de modo que não incorra novamente em dívidas. Se estiver usando o plano 60% da Solução, esboçado no capítulo 3, tenha como meta economizar 10% de sua renda, todos os meses, mas, mesmo que você só consiga separar 20 reais numa conta-poupança da qual não possa efetuar saques no auto-atendimento (muito importante!), ou que possa transferir esse valor direto de

sua conta-corrente, esse dinheiro serve como um seguro contra futuras emergências, sem precisar recorrer àquele quadradinho de plástico de novo.

- **Não encoste a mão em suas economias.** Por mais tentador que possa ser utilizar sua poupança para a aposentadoria, na maioria dos casos sacar esse dinheiro vai custar caro em termos das taxas e multas implicadas na movimentação. Nenhuma delas se aplica à quitação do débito do seu cartão de crédito ou em outras modalidades.
- **Direcione todos os bônus, ressarcimentos, dinheiro reservado para aniversários, bonificações e outras surpresas monetárias para a quitação da dívida**. Sem exceção. Desfrute um estilo de vida simples, até espartano, por algum tempo, e deixe que a acentuada diminuição da dívida seja a sua recompensa.

ESTE PASSO REQUER QUE VOCÊ FAÇA ALGUMAS ESCOLHAS E SE COMPROMETA COM ELAS, O QUE PODE LEVAR ALGUM TEMPO. DE TODO MODO, VOCÊ VAI PRECISAR DE UMA DOSE EXTRA DE FIRMEZA E DETERMINAÇÃO.

"Melhor ir dormir sem jantar do que acordar devendo."
Benjamin Franklin, em seu livro *Poor Richard's almanac* [O pobre almanaque de Richard]

Agora que você já tomou conhecimento dos cinco passos, seu cérebro provavelmente está zunindo com possibilidades. Ao analisar toda a extensão da sua dívida e pesar a velocidade com que quer acabar com ela, além de ter idéias e mais idéias para gerar pagamentos mais substanciais, você está funcionando no modo Extrema Redução do Débito. Ótimo!

A beleza deste sistema é que, assim que você se põe em marcha, ele se torna autogratificante. Você pode até achar que sentirá falta daquele estilo de vida em que gastava sem pensar em mais nada, mas vai adorar ser capaz de investir ainda mais no resto do seu portfólio de felicidade, especialmente tornando-se capaz de usar dinheiro para adquirir mais paz de espírito, como verá no próximo capítulo.

8 Compre sua paz de espírito

"Estou consertando o buraco por onde a chuva entra e minha cabeça pára de pensar para aonde essa água vai..."

John Lennon & Paul McCartney

É uma pena que as pessoas pensem no dinheiro como uma fonte de estresse porque, se você leu as instruções básicas que o acompanham, sua finalidade é aliviar todas as espécies de aflições e preocupações. Na realidade, o alívio do estresse pode ser uma das funções mais importantes do seu dinheiro, se você se lembrar de usá-lo dessa maneira. Assim, um setor pequeno, mas vital, de seu portfólio deveria consistir numa diversidade de investimentos destinados a aumentar sua paz de espírito sempre que possível. O que eu quero dizer é:

- Invista em mais segurança
- Gaste um pouco mais para seu conforto
- Pague por serviços especializados
- Invista em soluções mais simples
- Gaste dinheiro para consertar o que você adia constantemente;
- Evite falsas economias para poder usufruir uma melhor qualidade de vida no geral

Essas decisões podem não parecer investimentos diretos em felicidade, mas são. Usar seu dinheiro para apagar — ou abafar — todos os pequenos e incômodos focos de fogo que lhe causam aflição e irritação pode lhe oferecer uma serenidade inestimável. Às vezes, esses gastos parecem uma extravagância. E, eventualmente, talvez sejam, mas na maioria das vezes o retorno emocional dessa forma específica de investimento é tão alto que mais do que vale a pena qualquer que tenha sido seu custo financeiro.

Diferentemente dos benefícios para sua saúde ou do tempo livre que você pode comprar, ou de alguns outros tópicos que já abordamos, a paz de espírito é mais difícil de se descrever em termos gerais. São muito mais poderosos os exemplos específicos, tirados da vida real de pessoas que tentaram atacar um problema em várias frentes e que, por fim, simplesmente usaram o truque mágico, dinheiro, para liquidar as suas dificuldades. Meu marido chama isso de "a disposição de se dizer 'agora basta!'" (na realidade, ele usa termos mais enfáticos e de outro calão, mas você já entendeu).

Muitos de nós sofremos do problema de desejar que algo se realize apenas pela força do nosso pensamento, quando se trata de enfrentar os contratempos que a vida nos envia. Você fica dizendo a si mesmo que vai consertar aquela torneira pingando, fazer uma revisão elétrica da casa ou dar uma organizada no armário e, na realidade, os meses passam e nada mudou. O resultado é um lento acúmulo de estresse, ou o equivalente psíquico de um entupimento em suas artérias. Totalmente desnecessário porque, em muitos casos, um simples investimento financeiro teria resolvido o problema e prevenido todo esse aborrecimento.

Dizemos freqüentemente que não temos dinheiro para dar um jeito em determinado problema. E, embora às vezes falte mesmo esse dinheiro, o que vejo muito mais freqüentemente é que as pessoas apenas não querem gastar dinheiro com o que parece uma questão trivial, tediosa, que simplesmente deveria sumir por si. Mas não some.

Conheci uma mulher que comprou uma casa nova e ficou com medo de cozinhar qualquer coisa no fogão porque os queimadores não ligavam do jeito certo. Ela viveu ali, sem fogão, mais de seis meses, mas não porque estivesse "quebrada". Tinha o dinheiro para aquele conserto. Só não queria fazer um simples investimento para eliminar aquela fonte de estresse e aborrecimento que estava suportando. No entanto, um serviço relativamente barato para consertar aquele fogão teria dado conta do problema, deixado sua cozinha plenamente funcional e eliminado todo o malabarismo de comprar refeições prontas para aquecer em microondas, que já durava meses.

Meu marido e eu aprendemos essa lição no dia em que decidimos que íamos consertar um cano furado, bem na frente do portão de entrada da nossa casa. Sozinhos. Compramos o material necessário. Não tínhamos a menor idéia do que estávamos fazendo, mas tínhamos resolvido dar um fim naquele problema pessoalmente. Claro que receios e um senso total de desorientação logo começaram a interferir nas nossas boas intenções, e então empacamos. E a calha continuava transbordando, causando mais e mais danos à parede de pedra, logo abaixo. Com isso, passamos a ter duas coisas com que nos preocupar (o que sempre acontece, não é mesmo?). Essa história foi crescendo — e deteriorando — ao longo de um ano. Os fins de semana iam e vinham. "Amor, a gente realmente precisa dar um jeito no cano", um dizia para o outro. "Claro que sim, precisamos *mesmo*", o outro concordava. E depois ignorávamos a situação mais um pouco. Até que, por fim, esse estresse acabou nos deixando esgotados e nos rendemos diante da evidência de que esse era realmente um serviço para profissionais. E chamamos um.

Depois nos entregamos ao prazer de um provocar bastante o outro, durante várias semanas a fio, quando percebemos que o alívio de resolver esse problema valia dez vezes mais o dinheiro que tínhamos gasto com o prestador de serviço.

Assim, a moral custo-benefício da minha história é esta: talvez você não possa cobrir todos os seus problemas com o dinheiro que tem, mas alguns investimentos relativamente pequenos podem prestar um grande serviço em termos de lhe devolver seu equilíbrio mental e ainda livrar um tempo e uma energia valiosos que podem ser empregados em finalidades muito mais gratificantes. Você conhece, melhor do que eu, as coisas que tiram seu sono, por isso, considere a lista que vem a seguir apenas como combustível para inspirar sua criatividade e descobrir como alguns gastos extras podem tornar sua vida tão agradável e livre de estresse quanto possível.

- **Faça um *upgrade*.** Se aquele "ferro-velho" do seu computador não dá mais conta do serviço (e você não quer gastar uma fortuna comprando um novo), contrate um técnico — ou um universitário habilidoso — para fazer um *upgrade* no seu sistema, que enfim lhe permita navegar na internet tanto quanto você precisar, rodar programas mais sofisticados e aproveitar ao máximo o que a tecnologia tem para lhe oferecer.
- **Acomode-se bem.** Quando Franciele e Mauro viajaram para visitar a filha, decidiram que valia a pena gastar um pouco mais pelo conforto e a facilidade de se hospedar num hotel próximo, em vez de usar aquele velho sofá-cama todo encaroçado. "Ela acabou de se formar e tudo, mas nós estamos acostumados a alguns pequenos confor-

tos", diz Franciele. "E, desse jeito, todos ficamos mais felizes com a visita".

- **Contrate ajuda.** Aos 41 anos, o fotógrafo Joni finalmente decidiu freqüentar uma academia para perder o peso que ganhou quando parou de fumar. Mas, em vez de ficar maluco tentando descobrir o que fazer com aquelas máquinas, pagou um pouco a mais por cinco aulas com um instrutor. "Eu não queria fazer muita coisa. Só perder peso", ele disse. "E valeu a pena pagar uma pessoa que me dissesse o que fazer para começar e chegar aos resultados que eu almejava."
- **Pague pela produtividade.** Como muitas mamães recentes, a professora Karen estava com um verdadeiro leque de contas para pagar, além de outras incumbências atrasadas que ela e o marido não pareciam conseguir dar conta, nos primeiros meses após o nascimento de seu filho. Embora, nessa altura, não pudessem pagar nem por uma ajudante eventual, Karen pensou num meio-termo: contrataram uma babá por algumas horas por semana para poderem enfrentar as diversas dores de cabeça que estavam se acumulando na casa. "Essa acabou sendo uma das melhores coisas que já fiz na vida para recuperar o meu equilíbrio", ela disse.
- **Invista num consultor financeiro.** Como este é um livro sobre dinheiro, eu ficaria em falta se não recomendasse uma das maneiras mais diretas de comprar paz de espírito, a saber, contratar um consultor qualificado que desenvolva um plano para você administrar da melhor maneira possível o seu dinheiro, a longo prazo. Quer você pague a esse profissional por atendimento ou um valor mensal fixo, esta opção pode parecer dispendiosa, mas

imagine o alívio e a satisfação de saber que agora você tem uma estratégia financeira que o levará até suas metas! No próximo capítulo, apresento dados específicos sobre como encontrar um especialista em finanças.

- **Vá com calma.** Como alguns momentos de forte perturbação podem rapidamente transformar a semana toda num pesadelo, esta é uma das minhas maneiras preferidas de investir na paz de espírito: usar o dinheiro para obter algum conforto muito necessário. Quando tiver de escolher entre a tarifa de um ônibus expresso até o aeroporto, que leva 60 minutos, e o serviço de um táxi que leva a metade do tempo, porém custa um pouco mais, leve em conta tanto o bolso quanto o seu bem-estar. Ou, se você sabe que embrulhar, pesar e ir ao correio com os presentes de Natal vai custar até metade de janeiro para acabar, pague um pouco mais para a loja — também a virtual — fazer isso para você. Se lhe trouxer sossego e não arruinar o seu saldo bancário, eu digo que é um dinheiro bem gasto.

> "O dinheiro livra você de fazer coisas de que você não gosta. Como eu detesto fazer praticamente tudo, o dinheiro é muito conveniente."
> *Groucho Marx*, comediante norte-americano

Compre as coisas certas

Existe uma outra maneira de nos enganar e perder o nosso sossego: estou falando de comprar coisas que representam uma falsa economia. Comprar coisas com desconto para economizar apenas representa gastar tanto ou mais, quando precisar substituir os artigos de baixa qualidade que foram adquiridos. Ou, também, recusar-se a gastar um pouco mais ou a aproveitar a vida, argumentando que "custa muito caro". Mas será que as melhores coisas da vida não custam mesmo um pouco mais?

Acredite se quiser, mas aprendi essa lição com o meu aspirador de pó. Desde o dia em que aluguei o meu primeiro apartamento depois de terminar a faculdade até o dia em que fui morar com meu marido, ou seja, um intervalo de quinze anos, usei uma variedade de aspiradores de pó de segunda linha e outros utensílios baratos para limpeza, que o tempo todo eu precisava trocar. Assim, durante anos, além de não achar nada divertido aspirar o pó da casa, constatei que essa era uma atividade muito onerosa. Então, um dia, cansei definitivamente dessa ciranda e comprei a versão mais em conta do aspirador mais tecnologicamente sofisticado que pude encontrar. Foi como ser promovida de motorista do carro usado da irmã para a sua própria Mercedez.

Aquela máquina era um modelo de perfeição aerodinâmica para sucção de poeira. Era tão bem-feita, em termos de movimento e flexibilidade, que aspirar a casa quase chegou a ser uma coisa divertida. Cinco anos depois, continua funcionando maravilhosamente bem e não consigo acreditar quanto esse investimento ligeiramente dispendioso melhorou minha qualidade de vida.

> "A pessoa sensata tem dinheiro na cabeça,
> não no coração."
> *Jonathan Swift*, escritor irlandês

Infelizmente, romper o hábito de fazer uma falsa economia pode ser difícil porque em geral é uma coisa que se faz em nome do equilíbrio financeiro, ou apenas de se economizar dinheiro, muito embora raramente a gente acabe economizando alguma coisa (como eu mesma posso confirmar pela pequena fortuna que gastei trocando o tempo todo de aspirador de pó). Veja a questão do combustível. Quase todos buscam o menor preço por litro que puderem encontrar. Na realidade, seu carro vai durar mais tempo se, de vez em quando, você comprar o combustível mais caro do mercado. Responda o seguinte: é melhor investimento economizar na bomba alguns trocados ou gastar esse dinheiro a cada tanque, a fim de economizar toda a bolada que vai custar ter de trocar de carro mais cedo do que você pretendia?

A questão é que a falsa economia é um mau investimento, tanto financeira como emocionalmente. No fim, raramente você economiza dinheiro — em geral acaba gastando mais — e inevitavelmente aumenta seu teor de aborrecimentos diários ou compromete a qualidade da sua vida. Veja a seguir algumas maneiras pelas quais talvez você esteja fazendo falsas economias em sua vida:

- **A pechincha que custa caro.** Você compra a esponja e o detergente para lavar a louça mais baratos que encontra. Resultado: a qualidade desses produtos é tão ruim que a esponja se desmancha toda e você precisa gastar duas vezes mais detergente para deixar as coisas limpas. Com isso, você volta para comprar outra vez essas coisas na semana seguinte. Ensaboe, enxágüe e repita até se cansar de ver seu dinheiro escorrer pelo ralo.
- **"Mão-de-vaca" com o lazer.** Um velho e querido amigo está passando pela cidade e quer sair para jantar. Você prefere não gastar muito com uma supernoitada, e então

vai encontrar com ele, mas só pede uma sopa. Aí passa o resto da noite aflito, imaginando quanto vai custar esse encontro no final das contas. Em vez disso, abra o bolso, gaste um pouco mais, desfrute de uma boa refeição, passe horas memoráveis com o amigo, que não tem de sofrer com o seu "clima" de tantas preocupações.

- **Gastar dinheiro bom para cobrir o ruim.** Você compra dois pares de sapatos pelo preço de um, na liquidação da ponta de estoque. E três meses depois tem de se livrar deles, porque ficaram velhos, e comprar outros pares. E se você gastar mais num só par que vai render o ano inteiro? Vai acabar saindo mais barato que comprar sapatos a cada três meses. Você terá menos aborrecimentos e o meio ambiente ainda agradece.
- **O preço do martírio.** Você quer ir ao casamento de uma amiga no fim de semana. Vai encarar oito horas de estrada, chegar esgotada — sem mencionar o combustível, os pedágios e o desgaste do seu carro —, ou será que é melhor gastar o dobro numa viagem de avião de duas horas e ter a perspectiva de passar um fim de semana agradável e muito mais leve?
- **Fique sem.** Durante três anos depois de se casarem, Daniel e Pietra tiveram em casa cadeiras desemparelhadas na sala de jantar; era uma miscelânea de coisas dela e dele, nada em bom estado. O desconforto total de ter de olhar para aquilo, quanto mais de sentar nas tais cadeiras para fazer as refeições, "era como dormir em cima de cascalho", disse Pietra. Eles não compraram cadeiras novas e nem mesmo um bom conjunto de cadeiras de segunda mão, porque estavam melhorando outras coisas e ficavam

> se repetindo a mesma velha fórmula "Agora, não podemos". Mas se soubesse o quanto ficaria mais feliz, o quanto se sentiria mais satisfeito a cada refeição, assim que se sentasse numa cadeira confortável, "eu teria gasto esse dinheiro há muitos anos", disse Daniel. (Especialmente depois que compraram novas cadeiras de boa marca pela metade do preço que achavam que iriam pagar...)

A seguir, falo da importância de investir na maior fonte de paz de espírito que existe: economizar para ter um futuro garantido.

9 Invista em segurança

"Não deposite sua confiança no dinheiro, mas deixe-o depositado num fundo confiável."

Oliver Wendell Holmes

A enorme interrogação da aposentadoria deixa muitas pessoas com insônia e não é de espantar que assim seja. Como é que alguém pode criar um plano que garanta seus dias lá na frente quando vierem os dias Totalmente Incognoscíveis do Incognoscível futuro?

Você sabe que deveria estar poupando, mas até os mais prudentes poupadores só podem *supor* como será sua vida, só podem imaginar qual será o valor suficiente para bancar sua existência daqui a 20, 30 ou 40 anos. E para tornar essa questão ainda mais complicada, toda a situação da aposentadoria está sendo reelaborada, neste exato momento. As pensões estão desaparecendo. O sistema de previdência do governo está pagando valores cada vez menores. Apesar disso, as pessoas estão vivendo mais tempo e, para muitas delas, a idéia de se aposentar e ficar sossegadamente balançando numa rede perdeu seu encanto, principalmente porque hoje em dia uma grande parte dos aposentados deseja ou tem de continuar trabalhando.

Investindo na aposentadoria

Como você pode imaginar, milhões de pessoas sofrem de ansiedade crônica a respeito do seu futuro, por todos esses motivos, mas principalmente porque se preocupam em não ter dinheiro suficiente para viver quando se aposentarem. Não surpreende que as pessoas que se declaram as mais felizes em estarem aposentadas são aquelas com o rendimento mais estável.

Como você pode aliviar as suas ansiedades sobre o futuro e se despreocupar, a fim de relaxar e aproveitar o presente? Faça aquela coisa que todo mundo mais receia: comece a planejar. Conforme dados de uma pesquisa do American Express com cerca de 1 400 pessoas entre 40 e 64 anos, as que buscaram ajuda de um consultor financeiro são muito menos ansiosas a respeito da aposentadoria do que as que não procuraram se aconselhar (e teriam economizado mais ou menos o dobro do dinheiro). Isso não quer dizer que você deva sair correndo e contratar um profissional de finanças agora mesmo, mas sem dúvida ajuda a ver como é importante assumir o controle dessas questões, justamente o assunto a ser tratado neste capítulo.

Diferentemente dos outros ativos centrais do seu portfólio da felicidade, investir na aposentadoria ocorre em dois níveis: investir o tempo e a energia necessários para assumir o controle do próprio futuro financeiro e depois aprender a usar o dinheiro com mais sabedoria agora, para poder assegurar o futuro.

A boa nova é que isso não é tão difícil assim. Você vai se espantar com o tamanho do alívio que sentirá só de enfrentar algumas realidades básicas e fazer algumas contas agora, para nem falar do grande suspiro de satisfação que esses passos simples provocarão, no decorrer do processo. Por isso, mãos à obra.

Não se preocupe, não vou aborrecê-lo com um enorme discurso sobre as vantagens de títulos com tripla isenção de imposto, ou sobre como deixar uma bela herança. Eu só tenho um capítulo para este assunto e o tema do planejamento da aposentadoria já ocupou um número incontável de conteúdos em livros e *sites*. Pense que o que teremos aqui é um show preparatório. Vou apresentar os detalhes mais sigilosos de alguns princípios básicos e oferecer informações que você precisará ter para dar os seguintes passos essenciais:

- Desenvolver uma perspectiva mais clara do estilo de vida que terá quando se aposentar.
- Calcular um número arredondado do quanto isso vai custar.
- Escolher maneiras simples e lucrativas de investir nesse futuro agora.
- Compreender alguns aspectos financeiros centrais em termos do planejamento do seu futuro, para poder fazer as perguntas certas à medida que avançar.
- Relaxar e aproveitar mais agora os rendimentos de felicidade, sabendo que assumiu o controle do seu dinheiro e da sua vida.

Orientação: você está aqui

O que a maioria das pessoas quer saber quando pensa em aposentadoria é: quanto? Estou poupando o suficiente? Quanto é suficiente? De que tamanho precisa ser o meu pé-de-meia? Naturalmente, essas questões são tão intimidadoras que nossa tendência humana é enfiar a cabeça na areia e fazer figa com todos os dedos — achando que essa é a fórmula mágica para que as coisas acabem dando certo. Na realidade, é assim mesmo que as coisas darão terrivelmente errado.

Segundo uma teoria econômica chamada "desconto hiperbólico", um dos motivos pelos quais as pessoas não economizam para o futuro não é que se sintam assustadas, com preguiça ou sem noção do que fazer (embora isso possa acontecer também), mas porque é mais fácil valorizar o que têm no presente e descontar o que *talvez* possam ter no futuro. Assim, gastar dinheiro hoje é mais fácil do que economizar para uma futura época indistinta, quando você estiver com 77 anos e talvez precisar de algum dinheiro para viver.

> "Você não pode esperar ganhar no caça-níqueis se não colocar moedinhas na máquina."
> *Flip Wilson*, comediante norte-americano

Então, qual é a solução para essa relutância humana básica a olhar adiante? Como todos sabemos, existe uma avalanche de fatores desconhecidos, mas acredito que pensar no futuro como um nevoeiro vazio apenas aumenta a ansiedade e favorece a destrutiva atitude do "vou pensar nisso mais tarde". Se os economistas estiverem certos, e se as pessoas de fato tendem a descontar o futuro, não há maneira melhor de combater essa inércia que primeiro vislumbrar o tipo de vida que você gostaria de levar quando, tecnicamente, não for mais jovem.

Talvez você ainda esteja muito longe da época de se aposentar para ter uma idéia de como será o "resto de sua vida". Ou pode ter idéias conflitantes a esse respeito: pode querer se aposentar e viver numa cidade tranqüila e pacata, ou ficar onde está, perto da família e dos amigos, trabalhando meio período. Talvez você não tenha poupado nada. Talvez tenha guardado um milhão. Será que conseguimos responder a cada uma das perguntas? Não.

Só que você não precisa dar respostas a todas essas questões, neste momento. Você, eu e quase todos precisamos da segurança e da tranqüilidade de saber que temos um plano geral e uma noção de controle sobre esse plano, que evoluirá com o tempo. Assim, vamos tomar emprestada uma frase do famoso autor budista Pema Chodron, e tornar "Comece onde está" o nosso mantra para este capítulo, acrescentando o seguinte: "Planeje, baseando-se no que você pode ver a partir daqui".

EXERCÍCIO

SUA VIDA EM IMAGENS

Se você já sabe claramente ou tem uma boa idéia geral de como quer viver na sua "melhor idade" , anote-a aqui. Mas não se preocupe se não tiver uma imagem muito nítida — eu mesma não tenho a menor noção a esse respeito e sem dúvida muitas outras pessoas também não. Por ora, tudo que você precisa é um esboço em amplas pinceladas.

Se puder escrever sobre sua visão de futuro, faça-o nestas linhas:

____

____

____

____

____

____

____

Se não puder, por favor, marque qualquer uma das opções seguintes que se aplique a você agora (não se preocupe em pensar que poderão mudar no futuro).
Quando me aposentar, gostaria de

( ) Ter quitado todas as minhas dívidas.
( ) Vender minha casa e me mudar para um apartamento menor e mais fácil de cuidar.
( ) Mudar para uma pequena cidade com uma universidade e voltar a estudar ou fazer outra faculdade.
( ) Não ter mais preocupações com dinheiro.
( ) Não trabalhar.
( ) Ter meu negócio.
( ) Estar em excelente condição de saúde.

( ) Mudar para perto dos meus filhos e ajudar a criar os netos.
( ) Continuar trabalhando ou dando consultoria na minha área atual.
( ) Trabalhar ou dar consultoria em outra área. (Se já sabe qual seria, descreva aqui.)

____

____

( ) Fazer algo criativo, como pintar ou escrever um livro.
( ) Dedicar a maior parte do meu tempo ao meu passatempo favorito, ____________.
( ) Nada em particular, só aproveitar o meu sossego.

Quando considerar novamente os itens que tiver assinalado, repare no preço das etiquetas que cada uma dessas visões pode eventualmente trazer. Repare em seus desejos e prioridades. Você não está casado com nada disso. A menos que, por acaso, esteja planejando se aposentar muito cedo. E, a menos que seja extremamente afortunado e saiba com exatidão quanto gostaria de gastar nos seus anos de alta maturidade, pode levar um bom tempo até que essa visão se concretize. Tudo bem. Tenha paciência. Este exercício irá ajudá-lo a vincular sua atual situação financeira com seu plano de vida a longo prazo. Assim, mesmo que completar 60 ou 70 anos ainda esteja longe, lembre-se do mantra: *comece onde está e planeje a partir do que consegue enxergar daqui.* Mesmo que tudo que saiba, neste momento, é que gostaria de estar com a hipoteca quitada para poder parar de trabalhar e aproveitar uma vida mais sossegada, só isso já é capaz de influenciar muitas decisões financeiras que você pode tomar agora. Por exemplo:

- Talvez seja preciso acelerar seus pagamentos de suas dívidas maiores, como financiamentos, para quitá-las antes de sua aposentadoria. Você pode querer investir em melhorias regulares na casa agora para não ter de arcar com esse custo quando for mais velho.
- Então, pode morar na sua casa mantendo as despesas em nível bastante comedido, ou vendê-la e se mudar para um pequeno apartamento.
- A menos que se sinta feliz fazendo literalmente nada, nada mesmo, talvez você possa considerar que "nada" quer dizer ter um belo jardim, uma TV muito grande, ir pescar com freqüência ou ser capaz de cruzar o

país de avião para visitar pessoas de quem gosta. E como vai poder bancar tudo isso?

Suas decisões financeiras de agora afetam seu futuro

Como é que você poderá calcular o custo do estilo de vida que está planejando?

Pense nisto: a maioria dos planos de aposentadoria baseia-se na idéia de que você viverá com mais ou menos 80% do seu atual rendimento. Isso quer dizer que qualquer estilo de vida que você escolher agora será basicamente o que poderá bancar no futuro, por um simples motivo: seu ritmo de poupança é determinado por sua renda atual. É realmente difícil economizar para levar, na velhice, uma vida muito melhor do que a atual. Mas isso não é impossível e, sem dúvida, na época de sua aposentadoria o dinheiro que tiver será destinado para fins diferentes dos deste momento. Você não vai mais precisar custear uma moradia para a família inteira. Pode ter acabado de pagar a faculdade dos filhos. Pode não ter mais de comprar tantas roupas para trabalhar. Talvez nem precise mais de um carro, dependendo de onde morar. Com isso, suas economias podem render muito. Mas é melhor ter em mente como referência o custo de seu atual estilo de vida.

> "Tenho dinheiro suficiente para viver o resto da minha vida, a menos que eu compre alguma coisa."
> *Jackie Mason*, comediante norte-americano

Este exercício também é um importante teste de realidade para aqueles que nutrem idéias mais luxuosas sobre a qualidade de vida que pretendem ter em seus anos dourados. Uma vez que a maior parte dos cálculos sobre quanto economizar se baseia em seu atual padrão de vida (incluindo o método que logo passaremos a usar), pode ser interessante dosar seus sonhos para a aposentadoria conforme o que pode pagar agora. Se você tem uma vida sossegada numa cidade com o custo de vida relativamente baixo e espera se aposentar e levar uma vida sossegada, porém em outra cidade, com o custo de vida altíssimo, então é provável que, para que suas economias acumuladas a partir do atual rendimento lhe permitam realizar esse desejo, você precise economizar de maneira mais agressiva. Não permita que as particularidades (ou a ausência delas) faça você lavar as mãos justo agora. Lembre: isto é só o "aquecimento"! Nesta etapa, seu verdadeiro objetivo consiste em desenvolver uma estratégia até o ponto em que comece a tomar decisões financeiras mais conscientes a respeito do seu futuro, e com isso conseguir relaxar e aproveitar sua vida agora ainda mais.

Bill Schultheis, consultor financeiro norte-americano, salienta que quase todos, principalmente quando jovens, gostam de pensar que a aposentadoria virá... um dia. "Por isso, praticamente o tempo todo fazemos diversas escolhas financeiras supondo que a época da aposentadoria está muito distante." Na realidade, o que você faz financeiramente agora surte um poderoso efeito sobre sua qualidade de vida lá na frente.

Um casal real planeja seu futuro

Vamos acompanhar agora um casal real e seus planos de aposentadoria. Embora eu tenha mudado seus nomes, todos os demais detalhes, até os números, são reais. Nesta seção, também apresento uma planilha simples, na página 176, que uso para calcular o montante de que esse casal precisará para compor seu pé-de-meia para a aposentadoria.

Terri e Mark vivem em Ohio, com sua filha de 3 anos, Jo. Terri tem 40 anos e Mark, 38. Eles esperam se aposentar dentro de trinta anos. Sua renda conjunta atual é de mais ou menos 70 mil dólares por ano. O casal tem um pouco mais que isso guardado num fundo de investimento e em outras contas com impostos diferenciados. Felizmente, os pais de Mark fizeram uma poupança para pagar a futura faculdade de Jo, de modo que, embora Terri gostasse de economizar um pouco mais para suplementar esse pecúlio (para os livros e outras despesas com a escola da filha), provavelmente, por enquanto, eles conseguirão se concentrar no próprio futuro.

Na verdade, um dos conselhos financeiros comumente ignorado é aquele que diz que, de fato, você deve poupar primeiro para a sua aposentadoria. Se você tem a grande sorte de poder alocar recursos simultaneamente para seu futuro e para a educação superior de seus filhos, vá em frente. Mas é muito mais prudente assegurar seu futuro, enquanto seus filhos prosseguem estudando até a faculdade e mais além, porque (1) eles poderão contar com você como base segura, se precisarem, e (2) seus problemas financeiros não terão de ser resolvidos por eles.

Para saber que tipo de pé-de-meia Terri e Mark precisarão ter daqui a trinta anos, usei a planilha que mostro a seguir, e que você também poderá aplicar. Por que escolhi essa entre as incontáveis outras opções disponíveis? Porque é simples o bastante para lhe apresentar uma estimativa bem decente do futuro valor que você quererá ter ajuntado para quando se aposentar, além de indicar quanto deverá poupar mensalmente para chegar lá. Tudo isso em dez minutos ou menos.

O básico sobre planejamento de aposentadoria

Se esta é sua primeira experiência com cálculos de aposentadoria, por favor, pare alguns minutos para assimilar as seguintes diretrizes básicas do processo:

1. Os calculadores e as planilhas para aposentadoria como esta se baseiam numa variedade de fatores, como sua idade, data prevista para a aposentadoria, o valor das suas economias, quanto esses investimentos devem render, quanto você pode receber da seguridade social federal e outros investimentos que você eventualmente tenha (como imóveis), ou grandes somas inesperadas que possa receber (como uma herança), e quanto tempo você provavelmente viverá. A planilha que vem a seguir usa um número menor de variáveis, e você pode adaptar os números finais de acordo com suas características.

2. Há alguns pressupostos sobre o planejamento de sua aposentadoria que servem de base para a maioria dos cálculos:
   - O ideal é que você tenha um pé-de-meia grande o suficiente para poder viver dos juros dessa aplicação.
   - A cada ano, você não deve sacar mais de 4% do principal para custear suas despesas de vida, o que em tese mantém o capital aplicado intacto.
   - Você vai precisar somente de 70% a 80% de sua renda atual quando se aposentar porque gastará menos com impostos, habitação, roupas, transporte e consumo

em geral (e também não estará poupando para a aposentadoria).
- Você receberá uma pequena pensão do governo.

3. Há muitos pontos obscuros nesses pressupostos.
   - Você não sabe quanto tempo vai viver, nem se suas economias terão de durar quinze ou trinta anos.
   - Você talvez precise calcular a aposentadoria baseando-se em mais ou menos 100% de seu rendimento atual, se suas despesas mensais não forem mudar muito. Por exemplo, você talvez esteja prestes a quitar o financiamento de sua casa (60% dos aposentados atualmente se encontram nessa situação), ou continua trabalhando mais alguns anos (e pagando impostos e custos de transporte), ou os dois. A planilha que eu uso se baseia em 90% de sua renda atual.
   - A aposentadoria que você recebe do governo pode ser mínima e talvez seja interessante nem contar com esse benefício.
   - Por fim, você pode raspar até o último centavo de suas economias e morrer falido, porque não consegue viver somente dos juros de sua poupança, como incentivam os atuais modelos de estilo de vida.

Alguns alertas sobre seus cálculos

Estou explicando tudo isso porque a maioria das fórmulas tenta fornecer uma estimativa razoavelmente conservadora do "montante ideal" que você deve poupar. Por exemplo, a noção de sacar apenas 4% ao ano de suas economias pode parecer muito conservadora e dar a impressão de que você está deixando um monte de dinheiro para trás. A questão é que 4% são o montante que inúmeros cálculos já demonstraram ser o máximo para garantir que seu pé-de-meia dure o maior tempo possível, seja o que for que aconteça com a Bolsa de Valores e, até certo ponto, seja o que for que a vida lhe traga na forma de situações inesperadas.

Além disso, essa planilha supõe que você se aposentará aos 65 anos, mas você pode fazer isso mais tarde. A fim de calcular um montante mais básico e prático, você tem de abrir mão de *todos* os fatores desconhecidos, durante cinco ou dez minutos. Você não sabe qual será o valor dos seus investimentos na época em que se aposentar. Não sabe se a casa que vai comprar renderá, daqui a dez anos, uma bolada. Você não sabe se se aposentará por doença ou em plena condição de saúde. Mas, de todo modo, tem de seguir em frente.

> "Como posso me sentir segura? Acumulando riquezas além de qualquer medida? Não. E o que é 'além de qualquer medida'? Isso é uma doença. Uma armadilha. Não há medida."
>
> *Roma*, no filme *Glengarry Glenn Ross*, de David Mamet

Você pode usar a planilha que incluímos neste capítulo ou navegar *on-line* até achar uma que lhe agrade, entre os muitos calculadores de aposentadoria disponíveis na internet.

Os calculadores *on-line* são recursos grosseiros porque não permitem ajustes com base na situação particular do usuário. Os resultados que se podem obter variam muito de uma ferramenta para outra. Infelizmente, esta não é uma ciência exata. Para contar com uma análise mais precisa de suas finanças, o melhor é contratar um consultor financeiro. Falaremos mais sobre essa opção na seção sobre investimentos.

PLANILHA DE APOSENTADORIA EM 8 PASSOS

Aposentadoria presumida: 65 anos	Renda do casal = US$ 70,000	Seus números
1. Renda anual necessária para aposentadoria em valores atuais (*multiplicar renda por 90% ou .90*)	63,000	
2. Previdência social. Use 20% do salário atual	12,600	
3. Renda necessária na aposentadoria (*linha 1 menos linha 2*)	50,400	
4. Pé-de-meia total necessário na aposentadoria em valores atuais (*linha 3 vezes 20*)	1.08 milhão	
5. Valor já poupado para aposentadoria	71,000	
6. Valor da poupança na aposentadoria em valores atuais (*linha 5 vezes fator de aumento do investimento; ver tabela seguinte*)	181,760	
7. Montante a ser poupado em valores atuais (*linha 4 menos linha 6*)	826,240	
8. Valor mensal a ser poupado (*linha 7 vezes fator mensal da poupança; ver tabela a seguir*)	1,735	

Esta tabela supõe uma taxa de crescimento de 7%, com 3% de inflação e investimento em conta com imposto diferencial.

PLANILHA DE FATORES PARA APOSENTADORIA

Sua idade	Fator de crescimento do investimento	Fator mensal de poupança
21	5,62	0,0007
23	5,19	0,0008
25	4,80	0,0009
27	4,44	0,0010
29	4,10	0,0011
31	3,79	0,0012
33	3,51	0,0013
35	3,24	0,0015
37	3,00	0,0017
39	2,77	0,0019
41	2,56	0,0021
43	2,37	0,0024
45	2,19	0,0028
47	2,03	0,0032
49	1,87	0,0038
51	1,73	0,0046
53	1,60	0,0055
55	1,48	0,0069
57	1,37	0,0090
59	1,27	0,0126
61	1,17	0,0196
63	1,08	0,0408

Qualquer que seja seu valor-alvo de poupança, não precisa entrar em pânico quando fizer estes cálculos sozinho. Há pessoas que estão financeiramente no alvo, e outras não. Talvez você não consiga alavancar suas economias este ano, mas possa no próximo. O ponto é que você só vai fazer os ajustes necessários em sua vida financeira hoje se tiver em mira um alvo de poupança.

Veja mais alguns pontos a considerar:

1. Como a maioria dos cálculos, este supõe que você não encostará a mão no seu pé-de-meia quando se aposentar, porque estará vivendo dos rendimentos de suas aplicações. *Mas esse valor pode ser menor, se você pensa em contar com apenas uma parte dessa poupança para bancar seus custos.* Não é a atitude prudente convencional, mas é o que muitas outras pessoas planejam fazer.
2. Muitas pessoas continuarão obtendo rendimento durante alguns anos ainda, depois de se "aposentarem", o que diminui proporcionalmente sua necessidade de poupar.
3. Com base no que aprendeu nestas páginas, você pode começar a tomar pequenas decisões financeiras agora que seguramente o beneficiarão mais adiante. Por exemplo, meu marido e eu estávamos pensando em nos mudar para outra cidade e morar de aluguel, para ver se nos adaptávamos ao novo local. Agora, estamos pensando mais seriamente em comprar alguma coisa porque, com o que conhecemos sobre esta cidade, é provável que, mesmo que só fiquemos aqui dois anos, faríamos nosso dinheiro render mais do que se tivéssemos comprado logo, em vez de alugar. Essa valorização adicional vai nos ajudar muito a compor o montante que pretendemos ter para nossa aposentadoria.

Como você administra o dinheiro que tem?

Como você tem se saído até aqui? É estressante? Divertido? Um alívio? Apenas tenha sempre em mente o maior dividendo de felicidade que existe: o prazer de saber que você está assumindo o controle de sua vida agora e o conforto de saber que poderá aproveitar melhor sua vida no futuro, do jeito que quiser.

Vamos agora falar de uma outra importante maneira de usar seu dinheiro para se sentir feliz: trata-se de saber que seu pecúlio está aumentando de forma estável e que seus investimentos estão prosperando. Eu ainda não sou especialista em investimentos, embora esteja me esforçando nesse sentido, mas você também não precisa ser para planejar seu futuro e começar a fazer alguns investimentos inteligentes agora.

Nem sempre foi assim. Há apenas dez anos, digamos, era preciso ter um conhecimento razoável de finanças para se entender com o mundo dos investimentos. E embora eu recomende que você continue aprendendo, hoje em dia é possível ser um investidor responsável e bem-sucedido, mesmo sem entender patavina do mercado financeiro.

Aviso: se você gosta de jogos de azar, de desafios, surpresas e secretamente gostaria de ser um daqueles acionistas que compram e vendem lotes diariamente, nem perca tempo lendo esta seção. Os próximos conselhos servem para pessoas que almejam uma maneira confiável de investir, mas de baixo estresse, baixo risco e pouco envolvimento, que lhes permita aumentar seu pé-de-meia, que é justamente o que eu recomendo. Por quê? Não só porque financeiramente é uma atitude astuta, mas porque adotando um método tranqüilo para investir você se sentirá mais feliz. Segundo uma pesquisa realizada por Barry Schwartz, professor de psicologia em Swarthmore, na Pensilvânia, a respeito de como as escolhas podem comprometer o bem-estar das pessoas, a maioria se sente mais feliz quando tem de enfrentar menos escolhas. Quanto maior o número de opções, maior o estresse decorrente de tomar a decisão "certa", e mais pessoas entram em dúvida e se lamentam pela alternativa escolhida.

Por isso, a menos que você se sinta muito à vontade no mundo financeiro, ou tenha tempo e dedicação para se tornar um investidor sofisticado, considere aquelas estratégias de aposentadoria que minimizam o leque de escolhas e maximizam sua felicidade.

Procure um profissional

Se você prefere não entrar a fundo nesse assunto de alocação de recursos, analisando os méritos relativos de ações, títulos, imóveis, investimentos estrangeiros e assim por diante, tente contratar um consultor financeiro que cobre por atendimento ou projeto. Na realidade, mesmo se fizer todo o trabalho sozinho, você pode achar que vale a pena contratar alguém para revisar as suas contas e afastar as ameaças que rondam suas economias para a aposentadoria.

Um grande começo

Mesmo que você demore para cumprir todas as etapas deste capítulo, esse é um investimento mínimo diante dos enormes ganhos em termos de sua paz de espírito no presente e no futuro.

E agora, vamos nos divertir um pouco!

10 Divirta-se mais

"Ter dinheiro é melhor que ser pobre, mesmo que seja só por razões financeiras."

Woody Allen

Qual papel deve ter a diversão no portfólio da sua felicidade? Essa pode parecer uma pergunta boba, mas, de acordo com a teoria do portfólio financeiro — um modelo de investimentos bastante conhecido —, você precisa de alguns setores com bom desempenho quando o mercado está em alta e um grupo separado de ativos que lhe traga algum retorno, quando o mercado estiver em baixa. Por conseguinte, em termos de investimentos, divertir-se é o ativo no qual você pode confiar para manter um bom estado de ânimo, independentemente do que estiver acontecendo nos demais setores da sua vida. Por isso, não só recomendo investir em diversões frívolas só pelo prazer de se divertir (que é a idéia básica, presumo), como ainda porque é uma proteção contra os inevitáveis baques da vida.

Há um corpo substancial de pesquisas sobre os benefícios do riso, uma quantidade razoável de chamados estudos sobre o ócio (que agora parece uma área bem sossegada), mas é mais complicado encontrar evidências científicas que comprovem o relacionamento entre se divertir e ser feliz. Acho que isso faz sentido, pensando bem, pois pesquisar se a diversão deixa você feliz é como refletir sobre se a água molha. (Dito isso, um grupo de neurologistas franceses comprovou que, aparentemente, o tempo de fato voa quando a gente se diverte. Que bom saber disso. Acho que uma área de pesquisa mais interessante seria descobrir se champanhe faz você dar mais risada, mas esse é um interesse todo meu.)

Sexo é uma outra história. Há enormes quantidades de pesquisas sobre sexo, e como todos nós sabemos que o sexo é uma tremenda fonte de prazer, talvez buscar evidências correlacionando sexo e felicidade pudesse ser interpretado como um motivo para se divertir ainda mais — e ter mais sexo. Como você talvez se lembre de uma pesquisa que citei na introdução, quando 900 mulheres foram solicitadas a fazer uma relação das atividades que mais as deixavam satisfeitas no seu dia-a-dia, sexo foi citado em primeiro lugar.

Além disso, em outro estudo razoavelmente recente, os economistas David Blanchflower e Andrew Oswald fizeram um levantamento com mais de 1 600 norte-americanos, comparando seus relatos pessoais de atividade sexual e felicidade com outros indicadores econômicos. Por meio de uma extraordinária ginástica matemática que somente economistas são capazes de realizar, chegaram à notável conclusão de que não só ter mais atividade sexual definitivamente torna a pessoa mais feliz (como já sabíamos), como também aumentar a freqüência de sua vida sexual, de uma relação mensal para uma relação semanal, é o equivalente a ganhar um prêmio na loteria. Ou seja, é ainda mais divertido do que você tinha imaginado.

De todo modo, pensando em sexo e diversão como termos sinônimos, este estudo parece sugerir que deveríamos todos investir em muita diversão física amorosa íntima porque, quer pareça o mesmo que ganhar pouco ou ganhar muito, só tem a acrescentar ao portfólio da sua felicidade, com o passar do tempo.

Nasce uma pesquisa

No entanto, como jornalista, é difícil prosseguir escrevendo um capítulo inteiro sem mostrar nenhuma evidência consistente na qual baseá-lo. Por isso, resolvi realizar um Levantamento Altamente Não-científico (Mas Revelador) sobre a Diversão, incluindo qualquer pessoa que respondesse por *e-mail*, falando sobre a natureza do prazer e como aumentá-lo em sua vida. Para replicar meus resultados, pesquisadores interessados no mesmo assunto podem realizar seus próprios levantamentos. Você também pode dar sua resposta agora, enviar o questionário ao pessoal de casa ou do escritório, ou disparar por *e-mail* para outros conhecidos. O meu Levantamento consiste em uma pergunta, de modo que é relativamente fácil. Os resultados são surpreendentes. A pergunta é: *Se você pudesse fazer três coisas para aumentar o teor de prazer e diversão em sua vida, o que faria?*

Eu estava trabalhando com uma dupla hipótese: (1) a maior parte das pessoas sabe exatamente como aumentar seu quociente de diversão, e (2) a maioria das pessoas vai listar atividades que (a) podem custear e (b) estão dentro do âmbito de sua vida atual. E, naturalmente, eu estava curiosa para saber quantas pessoas estavam de fato fazendo alguma daquelas coisas que tinham listado.

Método — 29 pessoas responderam por *e-mail* a um levantamento com uma só questão sobre o tema da diversão. Desses, treze foram homens e dezesseis, mulheres, com idades variando entre 26 e 80 anos. Não acho que seja uma amostra representativa de qualquer grupo particular. A margem de erro foi realmente pequena porque não haveria motivo para alguém mentir nessa situação.

Resultados — Aproximadamente 98% dos participantes responderam de imediato com sua lista das coisas que consideravam divertidas, indicando que sabiam perfeitamente bem o que gostariam de fazer para aumentar seu teor de diversão na vida. Mais ou menos 79% dessas atividades poderiam ser custeadas. Coisas como comprar uma bela moto, viajar para o exterior, largar o emprego ou arranjar ingressos para assistir a todos os jogos de seu time durante o campeonato foram casos raros. Assim, minhas primeiras duas hipóteses se confirmaram: a maior parte das pessoas sabe como se divertir mais e pode bancar isso. Mas fiquei desanimada (embora não absurdamente surpresa) quando constatei que 58% dos participantes não estavam fazendo nenhuma das coisas que tinham listado, mesmo que estivessem ao seu alcance, na maioria dos casos.

> "Agir nem sempre traz felicidade, mas não há felicidade sem ação."
> *Benjamin Disraeli*, escritor e político britânico

Segue uma amostra das coisas que as pessoas incluíram em sua lista dos divertimentos desejados. Apresento-a não só para que sirva de inspiração, mas para que você possa se deslumbrar — como me deslumbrei — com a simplicidade das coisas que as pessoas disseram que aumentaria sua alegria de viver. Apesar disso, são coisas que simplesmente não estavam fazendo ou que ainda não haviam feito.

- Ir a um bar de karaokê, não para cantar, mas para assistir os outros cantando. ("Acho que seria muito engraçado", escreveu uma mulher, acrescentando que seu marido se recusava a lhe dar apoio nesse tópico.)

- Fazer um curso de culinária.
- Escalar.
- Ler um bom livro ao entardecer e depois tirar uma soneca antes do jantar.
- Observar as pessoas numa cafeteria e ouvir a conversa dos outros; ("Uma atividade vergonhosa que eu adoro fazer sem a menor vergonha!" confessou uma mulher.).
- Ver mais peças de teatro.
- Ir à opera.
- Oferecer jantares para poder estar mais com os amigos.
- Viajar por todo o país.
- Escrever um livro para crianças.
- Ir a um bar elegante uma vez por semana para saborear um Martini perfeito e observar as pessoas.
- Passar mais tempo com o parceiro.
- Ir a algum lugar novo regularmente, quer seja um restaurante, museu, reunião de contadores de histórias ou local para passar o fim de semana.
- Ir a uma festa ou jantar usando fantasia. ("Usar roupas elaboradas é um divertimento para todo mundo", escreveu uma pessoa.)

A fonte número 1 de diversão desejada, com 24% dos participantes (rufem os tambores!) foi:

- Sair para dançar. ("Encontre um superlugar, com ótima música, agarre seu parceiro e vá — a gente nunca é velha demais para isso", escreveu uma mulher.)

A segunda fonte mais desejada de prazer (17%) foi:

- Ter mais tempo livre, tempo flexível.

E, para minha grande surpresa — as pessoas estavam mentindo ou eram apenas tímidas? — somente uma pessoa admitiu que gostaria de ter mais sexo.

> "A constituição só dá às pessoas o direito de buscar a felicidade. Você tem de agarrá-la pessoalmente."
> *Anônimo*

A outra grande constatação extraída da minha pesquisa foi que quase ninguém disse que se divertir ou ter prazer dependia de comprar coisas. As pessoas queriam, sim, gastar dinheiro fazendo coisas, vendo os amigos, aprendendo algo. Mas, fora os desejos de uma varanda envidraçada, uma motocicleta, uma bicicleta ou *scooter*, um litro de uísque da melhor qualidade e coisas do gênero, o que os participantes mais desejavam se baseava em agir, passar por experiências e estar com pessoas, e não ter coisas.

Por isso, se você está operando em déficit de fundos — o que, segundo o meu levantamento, atinge mais ou menos 58% das pessoas —, há três ferramentas essenciais que você precisa ter para aumentar os seus rendimentos em diversão: (1) uma lista, (2) um plano e (3) um cúmplice, na falta de toda uma milícia.

Se isto estiver parecendo muito clínico, muito estruturado e nem um pouco divertido, relaxe. De acordo com as pessoas mais divertidas que entrevistei, ou seja, aquelas mais bem-sucedidas em termos de aproveitar os prazeres espontâneos da vida que tanto apreciamos, o maior segredo é não deixar nada entregue ao acaso. Veja a tríplice estratégia de uma profissional de Relações Públicas, mulher de altíssimo astral, que agita a cena social em pelo menos dois continentes e é literalmente a pessoa que mais se diverte de todo mundo que eu conheço. (Aliás, pode ser doloroso conversar com ela porque ela está sempre a caminho de um evento muito mais incrível do que qualquer coisa que eu vá fazer aquela semana.)

1. **Ponha a boca no mundo.** Faça todo mundo ficar sabendo que você quer informações sobre eventos interessantes, oportunidades, pequenas e grandes comemorações, shows gratuitos, competições esportivas etc.
2. **Fique sintonizada.** Inscreva-se nas listas de endereços de suas organizações prediletas, grupos de teatro, palestras, galerias de arte, museus, sua associação de ex-alunos etc. Participe de um grupo que levará você a realizar atividades divertidas, difíceis de planejar sozinho (como viagens para acampar, dança de salão etc.).
3. **Planeje, planeje, planeje!** Encontre pessoas que também se comprometeram a aproveitar a vida ao máximo e junte-se a elas. Prepare-se e esteja disposto a abrir espaço em sua agenda para mais diversão, mesmo que — ou talvez especialmente se — isso significar adiar alguma atividade tediosa.

Diversão a qualquer preço

Destinar recursos para se divertir é provavelmente uma das maneiras menos dispendiosas ao seu dispor para incrementar seus dividendos de felicidade. É verdade que não há limite para quanto você pode gastar em várias formas de entretenimento, mas será que o antigo executivo da Tyco, Dennis Kozlowski, realmente se divertiu muito depois de ter pago mais de um milhão de dólares para garantir a presença do cantor norte-americano Jimmy Buffett e instalar esculturas em gelo representando corpos nus para comemorar na Itália o aniversário de sua mulher? Não sei, eu não estava lá, mas acho que o segredo é investir naquilo que você adora fazer, e não ficar se exibindo com ostentações extravagantes e pirotécnicas.

É claro que uma incursão ocasional no reino das frivolidades exorbitantes também pode ser uma experiência espetacular. Simone, de 27 anos, que trabalha com marketing, decidiu investir uma parcela de seu bônus para passar uma semana no Ritz Hotel na Jamaica, no ano passado. "Meu marido e eu trabalhamos muito durante todo o inverno e mal nos vimos. Então, quando fiquei sabendo que havia esse pacote turístico, eu simplesmente *tive* de comprar!" Decisão que acabou se revelando muito feliz, pois, segundo ela: "Aproveitamos cada segundo, e valeu cada centavo daqueles três mil".

Embora uma ocasional "loucura" como essa certamente possa aumentar suas reservas de felicidade, minha sensação é que é mais eficiente investir regularmente no seu setor das diversões. Vicente, de 30 anos, vem comprando ingressos para a temporada dos jogos de futebol americano da Universidade de Maryland desde que se formou. E continua pegando um avião para ir a cada jogo, mesmo que agora esteja morando na Flórida. "Eu sei que é uma forma maluca de gastar dinheiro", ele admite, "mas eu adoro". Ele fica com os amigos, que também são fãs de carteirinha, "e normalmente acumulo milhagem suficiente para ganhar uma passagem grátis por temporada".

Por outro lado, Samuel, de 60 anos — o cara que comprou o Jaguar, lembra? — não gasta um centavo para visitar toda semana três vizinhos octogenários, interessando-se pela vida que estão levando e por suas lembranças da cidade na qual todos moram, e tomando notas do que ouve para um possível livro.

Claro que, tendo lido este livro até aqui, você já sabe que não se trata de quanto tem, mas de como, onde e por que você gasta seu dinheiro. E, como revelou minha simples pesquisa sobre diversão, você não precisa gastar muito para aumentar seus rendimentos em lazer. Muitas vezes não é o dinheiro que está faltando, mas inspiração. Uma mulher, cuja lista de idéias para se divertir incluía alugar uma casa de praia na cidade onde tinha crescido, mandou-me um *e-mail* depois de ter respondido à minha "pesquisa" para dizer que tinha percebido como seria fácil ir em frente e realizar seu desejo. Enquanto escrevo este livro, ela e o marido estão na casa que alugaram. "Obrigada pela idéia inspiradora!", ela escreveu.

As faíscas estão por toda parte à nossa volta, é claro. Se você quer investir em se divertir mais, o caminho mais certo consiste em manter sua lista pessoal de desejos atualizada e à mão. Cole na porta da geladeira, ou leve um cartãozinho no bolso ou na bolsa. Desse modo, evita o dilema de esquecer na hora H exatamente aquilo que veio o caminho todo se lembrando que queria.

Tente, você vai gostar

Seguem algumas outras maneiras de acelerar suas possibilidades de se distrair, a partir de idéias que discutimos em capítulos anteriores:

- Praticamente todos os levantamentos apresentaram como resultado que se divertir é igual a fazer coisas novas (ou, no mínimo, fazer *alguma coisa*). Volte ao capítulo 5, "Invista em você", ou releia a lista da felicidade do capítulo 1 para descobrir novos investimentos divertidos.
- Faça uma análise custo-benefício. Jantar com os amigos num restaurante é divertido. Mas, praticamente pelo mesmo custo, que tal assistir um jogo no estádio, em assento na arquibancada coberta, passear num parque temático, ir à ópera? Quando se trata de se divertir, a escolha é toda sua.
- Economize para se distrair. Releia as idéias no capítulo 4 e veja se pode comprar um pouco de tempo para se distrair mais esta semana, talvez contratando uma babá ou uma faxineira. Até mesmo ir à lavanderia para deixar a trouxa a ser lavada vai tomar algum tempo que você pode investir em formas mais gratificantes de diversão.
- Coloque a diversão em primeiro lugar no seu dia, na sua semana, na sua vida. Às vezes, as coisas "mais sérias" da vida devem ter precedência, mas não todo dia. Lembre-se de que estamos em busca de um portfólio equilibrado, e contar com fontes bem estabelecidas de distração não apenas enriquece sua vida agora, mas também proporciona a dose extra de animação quando as fichas começarem a cair onde devem.

O nome do jogo é exploração

Se a leitura deste capítulo serviu de incentivo para você aproveitar mais a vida, ótimo! Às vezes, a diversão acontece espontaneamente e esses momentos são mágicos, mas na maior parte das vezes você deve manter o frescor das situações injetando-as com novas idéias e recursos. (Percebi que se você faz as mesmas coisas muitas vezes, elas acabam se tornando "legais", o que também serve, mas não é divertido.) Quando minha rotina diária exibe sinais de falta de distração, fico empolgada com a idéia de sair... para ir até o supermercado; é instrutivo ficar sabendo em que tipo de encrenca as pessoas estão se metendo. Conheço algumas pessoas cujas opções de distração me inspiram:

> Beth, de 41 anos, citada alguns capítulos atrás, se delicia com o seguinte: "Saltar sobre as pedras para atravessar a água. Fazer meu filho dar gargalhadas. Fogos de artifício! Encontrar na internet moldes de roupas para tricotar e de recortes para aplicar em abóbora-moranga, acredite se quiser. Dar um passeio de carro até algum local novo ou nostálgico; nadar sem roupa e praticar outros atos de exibicionismo".

Meu amigo Erick, de 44 anos, defende passeios de barco ("É surpreendente como são agradáveis"), pintura e outros tipos de artesanato, e "fazer mais sexo sem compromisso", diz ele. "Faça uma guerrinha de cócegas. Use roupa de enfermeira. Jogue uma partida de xadrez tirando peças de roupa cada vez que perder uma peça. Para que isso fique ainda mais divertido, combine uma peça de roupa para cada tipo de peça do tabuleiro. E a última coisa para se divertir", segundo ele, "é fazer um filme. Todo mundo hoje tem câmera digital que faz vídeos também. É muito mais divertido do que ficar assistindo os vídeos dos outros".

Acredite, foi tão divertido perguntar para as pessoas o que elas fazem para se divertir que foi difícil parar. Mas acho que você entendeu onde quero chegar. Aliás, talvez você possa acrescentar isso como sua segunda pergunta quando decidir fazer o seu Levantamento Altamente Não-científico sobre Diversão. De todo modo, recomendo que você mantenha uma pesquisa constante a esse respeito, observando aqueles investimentos que parecem render o máximo nesse setor crítico do seu portfólio. Lembre-se: se você adotar a estratégia 60% da Solução para organizar o uso do seu dinheiro, 10% de sua renda bruta deve ser dirigido para atividades simples e agradáveis. Esse raciocínio será bem útil para tratarmos do assunto do próximo capítulo, que é dar mais para as pessoas que mais importam para você.

11 Enriqueça seus relacionamentos

"A verdadeira felicidade... vem, em primeiro lugar, da satisfação da pessoa consigo mesma e, depois, da amizade e do convívio com algumas poucas pessoas escolhidas."

Joseph Adams, ator norte-americano

Todos nós damos grande valor aos nossos relacionamentos. Por que escrever um capítulo sobre como "enriquecê-los", quando essa é uma daquelas verdades que todos consideramos evidentes por si? Se você puser enfileirados todos os livros, artigos de revista, programas de televisão e aforismos com conselhos sobre relacionamentos, daria para fazer uma ponte até Netuno. Será que realmente são necessárias mais instruções ainda?

Sim. Apesar do fato de todos sabermos como algumas pessoas são importantes para nós, como elas enriquecem nossa vida numa infinidade de maneiras, as cobranças que nos fazem contrariam nossa necessidade de cultivar esses vínculos. Muitas pessoas, senão praticamente todas, reclamam de falta crônica de tempo, dinheiro e energia para alimentar seus relacionamentos como deveriam. Estamos esgotados, somos esmagados pelo tempo, continuamente superestressados, ocupados além de toda conta. Por isso, somos propensos a acionar o modo básico de manutenção de nossas relações, fazendo o mínimo necessário, aparecendo quando somos obrigados, enviando um cartão quando nem isso é possível, e deixando que os *e-mails* se incumbam do resto.

"Faço o melhor que posso", é a desculpa mais comum, seguida pelo "Ela vai entender" em segundo lugar apertado e, em terceiro, "No aniversário dele, a gente *capricha*".

Quando você está atrasado e tem só vinte minutos para malhar na academia, fazer o melhor é uma atitude aceitável. Não podemos, porém, nos dar ao luxo de dedicar apenas esses microintervalos aos nossos relacionamentos. Uma das maneiras mais poderosas de aumentar nosso nível de felicidade — desde sentir aquele contentamento básico com a vida até a mais absoluta experiência de bem-aventurança — está em investir nas pessoas que são mais importantes para nós.

Talvez você pense que parece mercenário ou interesseiro da nossa parte inverter a equação padrão e focalizar a atenção em como nossos relacionamentos podem nos beneficiar. Claro que é bom, correto e admirável nos darmos aos outros, mas não existe nada errado em reconhecer a beleza dessa específica rua de mão dupla: quanto mais você investe naqueles que se importam com você, mais rica será sua vida pessoal. E quanto maior for o número de pessoas que levarem a sério cultivar esse ciclo de relações significativas, talvez mais a própria sociedade como um todo possa se beneficiar.

> "As pessoas acham que o amor é uma emoção. Amor é bom senso."
>
> *Ken Kesey*, escritor e ecologista norte-americano

Nesse mesmo sentido, o economista canadense John Helliwell é um pesquisador entre um grupo pequeno, mas crescente, de estudiosos que acreditam que investir em "capital social" é importante tanto em nível pessoal como político, pensando no bem-estar de todos. Enquanto a noção da ligação das pessoas umas às outras se esboçou ao longo do século XX, em alguns países do Ocidente como o Canadá e os Estados Unidos ela se enfraqueceu nos últimos trinta anos, configurando uma desanimadora tendência que muitos economistas, psicólogos, sociólogos e líderes espirituais (sem nem mencionar gente como você e eu) correlacionam com os índices aceleradamente maiores de infelicidade e sentimento de vazio que assolam a vida moderna. Num triste e inquietador relatório publicado pela *American Sociological Review* [Revista do Sociólogo Americano] em 2006, os pesquisadores constataram que uma pessoa tem, em média, somente dois amigos que pode considerar seus confidentes, um a menos que a média registrada em 1985. E o número de pessoas que disseram que não tinham ninguém a quem chamar de amigo íntimo subiu para 25%, dos 10% anteriormente verificados em 1985.

Isso é especialmente perturbador quando levamos em consideração os ganhos extraordinários que obtemos com os diversos vínculos sociais em nossa vida.

- Num estudo, o doutor Helliwell pediu que os sujeitos atribuíssem um valor monetário aos seus vários relacionamentos, a fim de ter uma forma mais concreta de mensurar seu valor. Os participantes acharam que fazer parte de uma organização valia algo em torno de 25 mil dólares; que o valor de ver os familiares com freqüência era de 125 mil dólares, e que ver os amigos freqüentemente valia 100 mil dólares.
- Em estudos repetidos, as pessoas que se auto-avaliam como as mais felizes com a própria vida declaram contar com fortes laços sociais. Em 2002, os psicólogos Ed Diener e Martin Seligman publicaram uma pesquisa sobre o comportamento das pessoas muito felizes e descobriram que elas se descrevem como mais extrovertidas e com mais relacionamentos sociais e românticos que aquelas que se diziam menos felizes.

- E não nos esqueçamos dos ganhos extraordinários de que se beneficiam aqueles que são casados ou estão envolvidos em relacionamentos estáveis de longa duração. Numa revisão da literatura, concluída em 2002, intitulada *The extraordinary effects of marriage* [Os efeitos extraordinários do casamento], o economista Andrew Oswald percebeu que o casamento está associado com viver mais tempo, ter melhor saúde mental e menores índices de depressão e, ah, pode até mesmo deixar a pessoa mais rica. "Em praticamente todos os países estudados", escreve ele, "os trabalhadores casados ganham de 10% a 20% a mais do que os solteiros".

Não seria possível que as pessoas mais felizes tendem a se casar? Ou que as pessoas mais felizes tendem a ter mais amigos, e não o contrário? Claro. Mas, de todo modo, você ganha mais — com perdão do trocadilho — se puser seu dinheiro, tempo e energia nos ativos de relacionamento do seu portfólio.

Coloque as pessoas em primeiro lugar

Isso é o que a maioria supõe que já está fazendo, mas numa pesquisa recente intitulada *Chasing the good life* [Atrás da boa vida], a pesquisadora e economista Anke Zimmerman demonstrou que nossos relacionamentos podem estar sendo mais relegados a segundo plano do que percebemos. Enquanto tem sido bem documentado que, com o tempo, aumenta o desejo das pessoas por bens materiais (ter uma piscina, uma casa de campo ou de praia, mais dinheiro), Zimmerman constatou que, entretanto, o desejo da maioria por bens pessoais (um casamento feliz, boa saúde, filhos) permanece estável ou diminui ligeiramente no decorrer dos ciclos da vida. Isso não quer dizer que as pessoas perdem o interesse por viver um casamento feliz, por exemplo, mas enquanto nosso desejo por mais coisas só aumenta com o tempo, a idade e os rendimentos, o valor das satisfações pessoais tende a permanecer constante aos nossos olhos.

> "Você é perdoado por sua felicidade e seus êxitos somente se consente em ser generoso e partilhá-los com os outros."
> *William Blake*, poeta e pintor inglês

Isso fez com que Zimmerman lançasse a hipótese de que talvez estejamos correndo o perigo de comprometer nossa própria felicidade, porque embora muitas pessoas continuem "atrás da boa vida", adquirindo uma segunda casa, roupas de marca e rendimentos mais vultosos, não temos a mesma atitude com respeito à nossa vida pessoal. "Em resultado disso", escreve a pesquisadora, "a maioria das pessoas gasta uma quantidade desproporcional de tempo trabalhando, sacrificando a vida familiar e sua saúde, justamente aquelas áreas em que as aspirações permanecem relativamente constantes diante de mudanças concretas nas outras circunstâncias da vida, e em que a realização das metas de cada um surte um impacto mais duradouro em termos de sua felicidade".

O interessante na análise de Zimmerman é que ela está captando um padrão de desejos, revelado através de um levantamento envolvendo milhares de norte-americanos ao longo de um período de 25 anos. Seu estudo não diz respeito a quem obtém a maior renda ou piscina, mas reflete o que as pessoas dizem quando descrevem suas *aspirações* de vida. O que Zimmerman sugere é que, tão logo as aspirações pessoais tenham sido satisfeitas, estas são sobrepujadas pelo rufar cada vez mais estridente dos tambores das vontades materiais. Com isso, as pessoas correm o risco de não investir o suficiente em suas áreas menos ostensivas de investimento, e que são exatamente as que as sustentam em pé. Em outras palavras, se lhe perguntassem se você considera seus relacionamentos uma prioridade, provavelmente você diria "sem dúvida que sim!". Mas, se examinar de que maneira distribui seu tempo, energia e dinheiro, será que vai constatar isso mesmo?

Diante do fato de que os recursos de todo mundo são limitados, você precisa pôr seu bom senso em prática nesse setor do seu portfólio. Você sabe quais são as relações que mais contribuem para o seu bem-estar, quais as pessoas que mais acrescentam em sua vida. Também não consegue se distanciar de cada um dos relacionamentos que não lhe trazem nada. Há muitas pessoas às quais estamos ligados por razões que pouco têm que ver com felicidade. Mas isso não deve nos impedir de investir mais naqueles vínculos com maior potencial de nos proporcionar prazer. Veja como:

1. Gaste dinheiro com as pessoas

Como a maioria dos casais, Elizabeth e Vicente estabeleceram alguns acordos financeiros, e um desses é que cada um reserva um valor mensal que pode gastar como bem entender. É típico de Vicente gastar seu dinheiro em ingressos para a temporada de futebol de sua universidade do coração, como já descrevi antes. "E tudo bem", diz Elizabeth, "é a coisa predileta para ele. Já eu gasto mais o meu dinheiro saindo, porque sou do tipo de pessoa que acredita que quando a gente tem um amigo, tem de ver essa pessoa uma vez por semana ou, no mínimo, a cada quinze dias. Eu gasto o meu dinheiro com pessoas".

Elizabeth diz que seu foco nos amigos não mudou uma vírgula nos últimos anos, embora seu orçamento tenha sido radicalmente reduzido depois que saiu de um trabalho em período integral para fazer mestrado em administração pública. "A principal diferença é que agora tento gastar a décima parte do que gastava antes quando saía com o pessoal", ela diz. "Mas, para mim, o sacrifício final seria não encontrar meus amigos."

Não é a quantidade de dinheiro, mas a decisão de dirigi-lo para as pessoas importantes em sua vida que faz uma enorme diferença. Quando Gustavo, aos 38 anos, se mudou dos Estados Unidos para a Europa, para trabalhar, investiu em torno de 30 dólares mensais para ter uma linha de telefone via internet instalada em sua nova casa, além da dispendiosa assinatura de uma linha local. "Foi uma trabalheira conseguir essa instalação, e aqui não é barato ter internet banda larga", ele disse, mas esse serviço tornava as ligações para casa tão mais fáceis que a energia e o custo envolvidos mais do que valeram a pena. "Não só eu podia telefonar para meus amigos e para a família, como eles podiam falar comigo ao custo de uma ligação local nos Estados Unidos."

Essas decisões podem parecer muito simples, mas não deixe de levar em conta o impacto de pensar como um verdadeiro investidor quando se trata de usar seu dinheiro a fim de enriquecer suas ligações com as pessoas mais importantes em sua vida.

- Reveja o gráfico de despesas que você traçou no capítulo 2, com vistas a calcular quanto está gastando com as pessoas que realmente tornam você feliz.

- Realoque fundos de áreas menos satisfatórias de sua vida para aumentar o fluxo de caixa para as pessoas que você mais preza. Por exemplo:
  - Saia mais com o seu parceiro ou com os amigos.
  - Pelo valor que você economiza trazendo alguma coisa para comer no trabalho na hora do almoço, você pode oferecer um jantar uma vez por mês.
  - Reavalie seus pontos cegos de gastos. Uma mulher confessou para mim que, num ano, gastou o equivalente a 10% de sua renda bruta em roupas. Se sua fraqueza são roupas ou engenhocas, canalize metade do dinheiro que você gasta com suas extravagâncias indo visitar sua irmã ou a amiga que não tem condições de vir te ver, ou levando as crianças para um superpasseio.

- Considere diferentes estratégias de investimento. Quando meu pai se aposentou e mudou para o Novo México — numa atitude que surpreendeu toda a nossa família, instalada na região noroeste do país —, de repente passagens de avião passaram para a categoria de um repentino e novo, mas essencial, item do nosso orçamento. Meu marido e eu tivemos de achar maneiras de arcar com o custo de ir visitá-lo. Nossa estratégia preferida tem sido guardar numa lata de café cada nota de 5 dólares que passa pelas nossas mãos por dia, o que se tornou uma maneira surpreendentemente rápida e indolor de fazer brotar o dinheiro extra para essas viagens através do país.

2. Invista seu tempo

Há alguns anos, Jonas, de 60 anos, era um dos melhores vendedores da concessionária em que trabalhava. Ex-advogado, ele disse que o dinheiro que estava ganhando com as vendas de automóveis superava largamente seu salário relativamente modesto como advogado. "A noção popular é de que os advogados são podres de ricos, mas isso não é verdade", disse. O único problema é que estava trabalhando oitenta horas em seis dias por semana, "e aos domingos eu só conseguia dormir". Não espanta que sua esposa tenha falado com ele um dia em termos bem claros: "Você pode escolher: esse emprego ou o casamento".

Depois de seis anos como o vendedor que mais ganhava em sua região, Jonas não precisou pensar muito. Saiu do emprego para poder investir em seu casamento e, desde então, tem trabalhado dentro de uma carga horária mais flexível, o que também lhe dá mais tempo livre para visitar sua única filha, toda vez que sente vontade. "É isso que realmente me deixa feliz", ele disse.

Veja agora algumas outras maneiras de redistribuir seu tempo a fim de que uma parcela maior de horas possa ser investida naquelas pessoas com quem você se importa:

- Contrate uma babá, uma vez por semana à tarde ou à noite, ou por algumas horas, para poder se dedicar exclusivamente ao seu outro filho, ao parceiro ou a qualquer outra pessoa que faça você feliz.
- Compareça aos casamentos, chás-de-bebê ou a qualquer outro evento que ajude a manter viva sua ligação com pessoas emocionalmente importantes para você.
- Um fim de semana prolongado, um almoço mais demorado ou simplesmente sair do trabalho mais cedo podem ser excelentes maneiras de criar tempo para estar com as pessoas que você adora ver, mesmo que não consiga uma compensação financeira por essas horas.

- Se você tem filhos, ofereça-se para trocar algumas horas cuidando de crianças com outro pai ou mãe dispostos a fazer o mesmo por você. Você ganha um intervalo para respirar, e o inestimável conforto de saber que pode contar com uma rede de apoio maior do que pensava.
- Se você tem bastante tempo de férias acumuladas, reserve uma parte desses dias para rápidas "fugidas" que podem, também, ser dias passados em casa mesmo, com as pessoas de quem você quer se reaproximar.

3. Use seus recursos

Margareth e Ian nem sempre estiveram bem de vida como estão agora ("durante a faculdade a gente sobrevivia à base de arroz e miojo", Ian recorda). Assim, durante vários anos, era difícil para Margareth ajuntar o dinheiro e o tempo necessários para ir visitar sua família em outra cidade. Mas, desde que a empresa de Ian melhorou o desempenho há alguns anos, os dois descobriram um jeito de passar férias com a família uma vez por ano. "Temos um amigo com uma casa de praia enorme e um barco", disse Margareth, com 36 anos. "Então, alugamos a casa dele e convidamos todos os tios, tias e primos para passarmos juntos uma semana, a cada verão. Pedimos que cada um contribua com alguma coisa — desde comida para a tropa até *diesel* para o barco — e nos incumbimos do resto. É um ótima maneira de vermos todas essas pessoas que amamos, sentarmos à mesa enorme para comermos espaguete juntos e passearmos de barco durante uma semana inteira. Acabou se tornando um hábito e uma tradição que muito prezamos", ela conta.

Pode ser preciso, talvez, algum desviozinho ou cálculo mais criativo da sua parte, mas todos nós temos recursos que podemos utilizar para enriquecer nossos relacionamentos, muitos dos quais só pedem um gasto modesto:

- Use o tempo de uma viagem a negócios para matar a saudade de um velho amigo de faculdade.
- Use sua milhagem para bancar a viagem de um ente querido.
- Monte um *blog* para que seus antigos amigos consigam manter contato com você.
- Ofereça uma reunião para seus familiares, um encontro num feriado, uma festa de formatura.
- Se você mora numa cidade turística, incentive pessoas queridas por você a virem visitá-lo por alguns dias.

4. Ponha mesmo suas mãos à obra

Minha vida é um verdadeiro ferro-velho de grandes gestos jogados fora, todas aquelas belas coisas que eu ia fazer para esta ou aquela pessoa para mostrar-lhe quanto ela importa, quanto eu estava grata, quanto significa para mim. Gestos audazes podem não ser a sua fraqueza, mas, se forem, pense em trocá-los por manifestações menores e mais regulares de afeto. Caso contrário, você se arrisca a não fazer coisa nenhuma. Por isso, se seus recursos são limitados, investir mesmo que pouco em alguma atitude concreta faz toda a diferença, pois, quando se trata de sermos atenciosos com quem mais importa em nossa vida, não é a idéia que vale. Desculpe, é o que é feito. Mesmo um pequenino gesto de cuidado pode surtir um imenso efeito positivo na manutenção dos nossos vínculos afetivos.

- Você não precisa mandar um enorme buquê de flores que extrapola seu orçamento, quando um simples cartão de agradecimento pode ser tão bem-vindo quanto.
- Não precisa sair para um fim de semana com o companheiro quando um jantar num restaurante pode fazer com que ele se sinta igualmente amado.
- No último verão, Patrícia, de 40 anos, queria levar os filhos à Disneylândia, mas não tinha dinheiro para isso. "Então, levei a tropa para acampar", ela disse. Por bem menos fizeram uma das melhores viagens em família de todos os tempos.
- Se você não consegue arcar com o custo de uma passagem aérea para visitar um amigo que mora do outro lado do continente, agora que está se divorciando, casando ou ganhando um filho, lance mão da segunda melhor opção, mesmo que lhe pareça o mesmo que não fazer quase nada. Envie um cartão. Telefone. Envie uma mensagem de texto por dia. Reenvie o *e-mail* mais engraçado que tiver recebido com uma mensagem sua dizendo algo como "Oi, estava pensando em você".

5. Invista na comunidade

Quando Rachel e Mark, um casal na casa dos 50 anos, mudou de Nova York para um subúrbio em Nova Jersey para oferecer aos filhos um ambiente mais ameno onde crescer, não passou um ano e já tinham percebido o erro que tinham cometido. Não se tratava da nova casa, "que era absolutamente maravilhosa", diz Rachel, mas de estarem longe da comunidade que adoravam em Nova York e da sinagoga a que pertenciam há anos.

Então, mudaram de volta. Houve uma boa quantidade de fatores que os fez mudar de idéia — e de casa — novamente. Na realidade, nos poucos anos em que residiram em Nova Jersey, segundo Rachel, continuaram membros da antiga sinagoga e, de tempos em tempos, tentavam ir de carro até lá para participar dos serviços, ou levavam e buscavam os filhos nas atividades religiosas após o horário das aulas, mas em breve isso se tornou muito cansativo. "Quando mudamos para Nova Jersey, não tínhamos percebido a importância da nossa vida em comunidade, mas assim que isso ficou claro para nós, decidimos que valia a pena mudar de volta."

Embora se possa imaginar o impacto financeiro e emocional de mudar de volta, Rachel diz que ser capaz de participar dos serviços todas as semanas e de retomar as atividades comunitárias tem sido uma benção incalculável para a família inteira.

Felizmente, a maioria não precisa de mudanças tão complexas para construir uma rede comunitária. Em geral, os canais já estão aí e você só precisa investir mais na ligação com eles.

- **Invista em assuntos locais.** Meu marido e eu não nos sentíamos fazendo parte de uma comunidade no norte do estado de Nova York até começarmos a nos envolver com as questões do planejamento, zoneamento e meio ambiente dessa região. Freqüentar as reuniões comunitárias e estar mais a par desses assuntos em geral requer tempo, não tanto dinheiro, mas terminou se revelando um investimento sensacional em nossa qualidade de vida.
- **Ache a sua turma.** A internet tanto é acusada de promover o isolamento social como elogiada por favorecer tantos elos. Na realidade, a escolha é toda sua. Alguns *sites* podem ajudar a encontrar pessoas que tenham os mesmos interesses que os seus, e em geral isso não lhe custará

mais do que o preço de uma refeição. Ou gaste um pouco mais e filie-se a um clube dedicado a alguma atividade que você adora (vai alguém aí no passeio de caiaque?).

- **Encontre a sua fé.** Grupos religiosos e espirituais oferecem muitas maneiras de integrar comunidades. Ellen, de 48 anos, decidiu entrar num grupo de estudos da Bíblia, com uma amiga, há alguns anos. Ela não é super-religiosa, "mas a leitura e a compreensão da Bíblia é uma coisa que eu sempre quis fazer". As aulas não tinham custo, mas os ganhos sociais foram imensos, segundo ela: "Quem poderia imaginar que eu iria me ligar a pessoas tão amistosas e interessantes?".
- **Lembre-se de sua turma.** Reecontrar velhos companheiros de escola ou faculdade é uma fonte abundante de ligações e, talvez, até de algumas agradáveis lembranças dos últimos anos de escola.

O próximo capítulo trata de levar essas ligações um passo adiante e se inteirar dos benefícios de investir em círculos sociais mais largos.

12 Ganhe doando

"Faça sua pequena parte do bem onde estiver; são essas pequenas partes do bem reunidas que cobrem o mundo todo."

Desmond Tutu, bispo sul-africano

Será que aquele que doa se sente bem? Talvez esta não pareça uma proposta controversa, mas o campo da filantropia tem sido alvo de muita atenção, nos últimos tempos, graças a uma torrente de pesquisas apresentando sólidas evidências para o fato de que o altruísmo não só beneficia os que recebem como também cobre com bênçãos extraordinárias aqueles que doam.

Isso parece muito bom para todos, e é mesmo. Mas o modelo tradicional da filantropia ainda está amplamente assentado na idéia de que a pessoa deve doar diante do merecimento desta ou daquela organização, ou diante das necessidades da população atendida. "Esse é um modelo que recrimina", segundo Dwight Burlingame, autor de uma enciclopédia em três volumes intitulada *Philanthropy in America* [Filantropia Americana].

Segundo o jargão filantrópico, essa antiga abordagem é chamada de "modelo do tamanho da demanda". Como talvez você se lembre, uma célebre ilustração dessa postura ocorreu nos apelos dramáticos em vinhetas da TV e anúncios para revista com a atriz Sally Struther solicitando ao povo norte-americano, *por favor*, a doação de alguns centavos por dia para alimentar uma criança. A tendência mais forte atualmente está em adotar a "tática do fornecedor", que enfatiza "a alegria de doar", segundo Burlingame.

Isso também pode ser divertido, além de aparentemente saudável. Recorrendo a imagens de ressonância magnética de certas áreas do cérebro, Colin Camerer, professor de economia da Universidade de Tecnologia da Califórnia, descobriu que o altruísmo desencadeia uma onda de atividade nos centros de prazer e gratificação do cérebro. Ao mesmo tempo, um número crescente de outros cientistas descobriu que, em voluntários, o risco de mortalidade diminui em 40% a 60%. Ajudar os outros também está ligado a uma melhor saúde física e mental. É interessante que os que receberam ajuda não registraram os mesmos benefícios.

Claro que não há nada de errado em doar porque você acha que essa é a coisa certa a fazer, ou porque patrocina a missão de alguma organização. Mas essa nova área de pesquisas parece endossar a idéia de que, ao se tornar um doador ativo, você também melhora o desempenho do seu portfólio da felicidade.

Gastadores e doadores

> "Todos nós nascemos por um motivo, mas não descobrimos qual é. O sucesso na vida não tem nada que ver com quanto você ganha ou realiza com sua existência. É o que você faz para os outros."
> *Danny Thomas*, comediante norte-americano

Essa noção resulta de estudos sobre o que motiva as pessoas a doar, e também de pesquisas no campo da biologia social que descobriram que até mesmo outros primatas exibem a conduta de "doar", e que esse comportamento beneficia tanto a saúde do indivíduo como a da espécie. Stephanie Brown, psicóloga da Universidade de Michigan que estuda o altruísmo, é uma das principais pesquisadoras desse campo. Ela e o pai publicaram em 2006 um artigo propondo uma nova teoria sobre como o altruísmo decorre da evolução de vínculos sociais mais complexos. "Essencialmente, se as pessoas adotam uma atitude altruísta em relação às demais, são mais propensas a cultivar a interdependência", disse ela numa entrevista.

Assim, embora o propósito mais óbvio da filantropia seja beneficiar os outros, a maior função do desenvolvimento de hábitos altruístas pode ser a de aproximar as pessoas e criar uma sensação maior de interconexão e felicidade em nossa própria vida. A despeito de todas as falhas e deficiências da natureza humana, nossa maior força é a capacidade de sentir um imenso prazer quanto mais nos ligamos a outras pessoas e às coisas que consideramos significativas em nossa vida. Como muitos outros estudiosos antes dele, o psicólogo Martin Seligman tem a convicção de que "o exercício da virtude" é um dos tipos mais essenciais de felicidade. Embora estejamos vivendo num mundo que parece recorrer a todo atalho possível para a felicidade — desde prazeres sensuais até drogas psicotrópicas —, um tipo diferente de felicidade pode ser encontrado quando exercitamos nosso melhor lado, nossa maior força.

Ele não está sugerindo que devemos abandonar os atalhos, mas que podemos fazer algum esforço para alcançar as recompensas que estão um pouco além dos momentos mais fáceis e imediatos para nos sentir bem. Em seu famoso livro *Felicidade autêntica* (Objetiva, 2004), Seligman descreve um experimento informal que realizou com alguns estudantes: durante uma semana, cada pessoa devia se envolver com uma atividade prazerosa e um ato filantrópico, e depois anotar os resultados.

"Os resultados mudaram vidas", escreveu Seligman. "O efeito agradável de atividades 'prazerosas' (como se encontrar com os amigos, assistir a um filme, saborear um sorvete com cobertura) ficava muito menor quando comparado ao efeito de um ato de bondade." Uma aluna descreveu como ajudou um sobrinho do terceiro ano a fazer lição de matemática e "no resto do dia eu consegui ouvir melhor, me senti mais amorosa e as pessoas pareceram gostar de mim muito mais do que o normal".

Seligman chama o exercício da delicadeza e da compaixão de "gratificação", diversamente de prazer, porque "consiste em um ato que mobiliza suas forças a fazer frente a uma situação e encarar um desafio".

Há muitas ocasiões em que você age com base em sua generosidade e não ocorre essa sensação de um "pós-esplendor". Não há nada como fazer um favor para um amigo, quando isso não é conveniente para você, para terminar sentindo uma estranha mistura de virtude e ressentimento. Não estou afirmando que todos os gestos caritativos tenham de ser convenientes, mas o que as novas pesquisas vêm sugerindo é que é mais provável você sentir essa espécie de elevação quando não está apenas agindo por bondade, mas movido pela sensação de sua própria identidade filantrópica de que o significado de seu gesto é importante para você também. Hoje, os seus hábitos de doação podem ser apaixonados ou indiferentes, mas, se até agora você pensou que a filantropia só consistia em dar algo para outrem, veja algumas outras formas de pensar sobre o tipo de doação que eventualmente desenvolve uma sensação mais profunda de gratificação que o enriquece também, além de favorecer as pessoas alcançadas por sua generosidade.

1. Deixe-se levar pelo espírito

Quando Jack e Mona adotaram um bebê da Guatemala, há alguns anos, esse fato abriu os olhos do casal para o sofrimento de muitas outras crianças naquele país que também precisavam de ajuda. Eles então encontraram uma organização por meio da qual puderam patrocinar os gastos de uma menina de três anos, portadora de necessidades especiais e que, por isso, tinha muito menos chances de ser adotada. Doando 38 dólares por mês, eles permitiram que essa menininha saísse do orfanato e fosse colocada num lar transitório onde podia ser muito mais bem cuidada.

Embora Mona e Jack estivessem na casa dos 40, admitiram que essa era uma experiência bastante nova para eles. "Até que ficássemos um pouco mais velhos e as coisas 'acontecessem' em nossa vida, não tínhamos muito incentivo — dinheiro, para dizer francamente — para fazer muita coisa para mais alguém além de nós mesmos", disse Mona. Mas depois de adotarem seu filho, perceberam o quanto significava para o casal sentir que poderiam contribuir para uma causa em que agora se sentiam pessoalmente envolvidos. "Sentimo-nos menos desamparados e nos faz manter a ligação com o local onde nasceu nosso bebê", ela disse.

- **Use sua experiência pessoal.** Se uma doença, acontecimento ou problema político teve um grande impacto em sua vida — um caso de câncer, suicídio, a morte súbita de um bebê, cuidados dispensados a algum idoso ou problemas com lixo ambiental —, use sua experiência pessoal para encontrar a maneira mais significativa de poder doar algo.
- **Deixe vir a inspiração.** Por outro lado, se você sentir uma forte ligação com uma causa alheia ao seu mundo, use esse sentimento como uma oportunidade para aprender tanto quanto para se dar.

2. Doe por experiência pessoal

Quando Sheila, 55 anos, trabalhava como funcionária pública federal, embora fizesse doações regulares para várias entidades mediante deduções diretas no seu imposto de renda, ela não se sentia realmente muito satisfeita com esse mecanismo de "doar para uma organização sem cara", como dizia. Agora que está empregada no setor privado, Sheila decidiu que vai doar diretamente para as crianças do seu bairro que precisam de coisas básicas como material escolar. "No Natal, você pode escolher um nome de criança pendurado na árvore e dar o presente que ela pediu", ela explica. "E no início do ano você pode se oferecer para comprar toda a lista de material de determinada criança."

Isso pode não parecer exatamente uma iniciativa para salvar vidas, mas para Sheila tem um enorme significado, pois ela vem de uma família em constantes dificuldades financeiras. "Como eu era a mais nova da família, *tudo* que eu tinha havia sido usado por alguém antes e eu sei o que é arder de vontade de ter uma roupa novinha e da moda, ou canetas, ou o que fosse, mas que eu pudesse dizer que era só meu", ela conta. Por isso, ela tem o cuidado de escolher não só as melhores coisas que encontra para a criança usar na escola, como também as mais cobiçadas no momento. "Eu simplesmente adoro a idéia de algum garoto menos privilegiado chegar na escola no primeiro dia com todas aquelas novidades mais 'incríveis' que existem", ela conta sorrindo. "Eu sei como são as crianças e sei a diferença que pode fazer na classe você ter exatamente aquilo que todo mundo quer."

- **Compartilhe seus conhecimentos.** Se você tem facilidade para matemática ou adora nadar, pense em se oferecer como voluntário para ensinar essas coisas a crianças desprivilegiadas em sua região. Muitas escolas e outras organizações oferecem programas de monitoria e precisam dos conhecimentos especializados que você pode oferecer.

- **Apóie uma causa local.** Você não tem de contribuir para uma causa multinacional para se sentir eficaz. Investir em iniciativas locais pode ser igualmente significativo. O time de basquete do colegial do bairro está precisando de uniformes novos? Está havendo um aumento no número de crianças asmáticas em sua área? Aprenda como fazer a diferença no seu território.

3. Encontre uma conexão confortável

Sônia, de 45 anos, admite que costumava doar mais tempo quando era mais jovem; agora, limita-se a preencher um cheque para os grupos que quer apoiar. Além do fato de que muitas organizações preferem dinheiro, é melhor para Sônia. "É como uma gratificação instantânea", ela diz. Ela leu em algum lugar que doando pequenas quantias para as entidades em que acredita, no início e no meio do mês, ou a cada vez que recebe algum pagamento, no caso da maioria dos assalariados, você começa a se sentir mais ativa, envolvida e basicamente como se estivesse colocando em marcha alguma coisa significativa no mundo.

- **Não se cobre demais.** Não se pressione a comparecer na distribuição de sopa para moradores de rua se não for isso que você quer fazer. Quer você doe dinheiro para uma causa uma vez ao mês ou uma vez ao ano, você será um doador mais generoso quando fizer uma doação genuína.

- **Aprenda com os outros.** Na próxima vez que estiver com os amigos ou familiares, fale sobre como e por que eles fazem doações. A infinidade de maneiras que as pessoas têm para praticar sua generosidade é uma excelente fonte de inspiração.

"Se você acender uma lâmpada para alguém, ela também iluminará o seu caminho."
Provérbio budista

4. Saia do caminho mais batido

Ney, um empresário da Flórida, viu sua empresa decolar nos últimos tempos e, desde então, tem usado seu maior potencial econômico para oferecer mercadorias altamente necessárias a comunidades da República Dominicana e do Peru. Ele e seu sócio criaram uma fundação que coleta donativos nos Estados Unidos e os envia, por intermédio de pequenos grupos religiosos e entidades, para serem distribuídos em aldeias e cidades do interior, onde são mais necessários.

"Num lugar como a República Dominicana, eles são atingidos tão duramente como nós, na Flórida, pela estação dos furacões, mas não têm uma FEMA (Agência Federal de Atendimento a Emergências — órgão do governo dos Estados Unidos incumbido de mitigar os efeitos de desastres naturais e planejar medidas de antecipação, reação e recuperação nessas ocasiões) local", disse Ian, com 38 anos.

Quando ele teve a idéia de criar essa rede de doadores, não estava muito certo de que as coisas poderiam funcionar. Mas ficou surpreso ao descobrir o número de grupos que viajam até outros paises com a missão de doar, e resolveu que sua parte seria se tornar um veículo que garantisse que esses grupos tivessem os suprimentos necessários, doados pelos norte-americanos.

"Nós nos esquecemos do quanto somos ricos", ele diz. "Eu pego luvas e camisetas usadas de beisebol, que aqui o pessoal acha velhas demais para usar, mando para a República Dominicana e as crianças usam essas coisas lá por muitos anos ainda", ele diz.

- **Não se deixe guiar pelas manchetes.** Muito tempo depois do furacão Katrina, do tsunami de 2004 e do genocídio no Sudão terem desaparecido das primeiras páginas dos jornais e revistas, as pessoas continuam precisando de ajuda para reconstruir suas vidas nesses lugares. Olhe mais adiante das manchetes para enxergar onde o seu dinheiro está sendo necessário.

5. Divirta-se doando, mas cuidado com os golpes

- **Suje um pouco as mãos.** Participe de mutirões comunitários e viva a satisfação de ajudar alguém a consertar sua casa ou construí-la (e ainda desenvolver algumas valiosas habilidades manuais).
- **Encontre os talentos locais.** Organize uma arrecadação de fundos em prol de sua causa favorita, montando uma peça teatral, produzindo uma noite de comediantes, um leilão de peças de arte.

> "Se você não tem sentido freqüentemente a alegria de realizar um gesto generoso, tem deixado muita coisa de lado, principalmente você mesmo."
> *Anônimo*

Há atualmente uma grande preocupação a respeito de se a organização que você planeja ajudar é, de fato, séria e legítima. Então, como saber ao certo se o órgão que você que apoiar é genuíno?

1. Verifique se não há problemas de identidade

Um estratagema astucioso de grupos fraudulentos consiste em usar um nome que lembra o de uma organização conhecida e, com isso, arrancar o seu dinheiro. Sempre faça uma verificação minuciosa de que está doando para a entidade que tem em mente.

2. Não ceda a pressões

Quando alguém não pára de lhe telefonar ou fica conversando com você na esquina de casa sem dar chance de você se afastar, essa é uma tentativa de armadilha para forçá-lo a doar alguma coisa sem examinar melhor para quem está dando seu dinheiro. Não caia nessa.

3. Atenção para histórias dramáticas

Fique atento para pedidos extremamente sentimentais que ficam repetindo sem parar o relato das desgraças de alguém, mas que na realidade não explicam o que a entidade faz de fato. Tem alguma coisa estranha nisso.

4. Não precisa investigar

Os objetivos e métodos do programa devem ser descritos com clareza em qualquer material de comunicação que você receba. Fique atento a descrições muito vagas. Você não tem de ser um Sherlock Holmes para descobrir o que a entidade faz.

5. Não suponha que é uma entidade beneficente

> "Não há dever que subestimemos mais do que o dever de sermos felizes. Quando somos felizes, semeamos benefícios pelo mundo."
> *Robert Louis Stevenson*, escritor escocês

A fonte mais inspiradora das minhas iniciativas de caridade tem sido me inteirar das muitas maneiras criativas que as pessoas encontram para fazer doações às causas em que acreditam. Não se trata tanto de quanto dinheiro ou tempo você tem para doar, mas apenas resolver dar a qualquer coisa significa uma experiência gratificante de se vincular ao que você mais valoriza no mundo — e de se ligar a outras pessoas, o que pode ser o aspecto mais importante em todo o processo das doações.

A aura de "fazer o bem" que possa rodeá-lo é uma coisa boa, mas essa é uma forma rasa de felicidade. O que as pesquisas mais recentes indicam é que todos ganham, tanto individual quanto comunitariamente, quando doamos aos outros porque esse gesto tem um significado particular para nós e ainda nos aproxima mais dos nossos semelhantes.

Conclusão

Então, aqui estamos no final de um livro sobre as diversas maneiras de você investir seu dinheiro numa vida mais feliz. Talvez a idéia de montar um portfólio para a felicidade tenha sido um forte incentivo para você, ou talvez tenha despertado dúvidas sobre se esse é um sistema que realmente funciona. De todo modo, pode ser que você se interesse em ouvir o que tenho a dizer sobre minhas experiências pessoais no *front* da felicidade, e sobre como alguém que escreve colunas a respeito de dinheiro terminou envolvida com a redação de um livro que trata de qualidade de vida.

Você pode me conhecer como a colunista de finanças pessoais que começou a série *Women in Red* [Mulheres em Vermelho], para o MSN Money, ou como a responsável pela coluna "Basic Instincts" [Instintos Básicos], para o *New York Times*. Mas antes de eu começar a falar sobre os problemas financeiros dos outros, eu mesma fazia parte dos incontáveis milhões de indivíduos incapazes de lidar com seus próprios assuntos financeiros:

- Eu gastava *tudo* que ganhava.
- Minha conta-poupança era tão vazia que fazia eco.
- Acabei entrando numa pilha de dívidas bem pegajosas.
- Consumo impulsivo para satisfação imediata era meu apelido.

Ficava me perguntando quando é que ia cair no meu colo a bolada que me salvaria a pele e colocaria um pouco mais de dinheiro na minha mão para sair gastando. Ter mais dinheiro era tudo que me importava nos primeiros anos da minha vida adulta e, para "tê-lo", eu ia pagando tudo com cartão de crédito. Dizer que as minhas prioridades eram todas equivocadas é um eufemismo sem tamanho. Como muitas outras mulheres jovens solteiras que querem viver como se não existisse o amanhã, eu me divertia, tinha uma aparência sensacional, saía praticamente todas as noites. Pagava as minhas férias no cartão de crédito porque nem pensava em pagar o pacote à vista. Não tinha nenhum dinheiro para isso.

Não sei o que os outros pensavam de mim nessa época, mas demorou um pouco até eu me olhar no espelho e dar de cara com a triste verdade de como os meus hábitos financeiros estavam acabando comigo. Na realidade, não sei quando eu teria parado para ver o que estava acontecendo se uma boa amiga não tivesse comentado comigo que tinha ouvido falar de uma vaga: o MSN.com estava contratando alguém para redigir uma coluna sobre finanças pessoais em linguagem coloquial, focando os problemas cotidianos de dinheiro.

Bom, eu estava com esses problemas cotidianos de dinheiro saindo pelas orelhas e, nessa altura, já experimentava um desejo genuíno de resolvê-los. Apresentei-me para aquele trabalho com o tipo de interesse e convicção que só uma mulher à beira de um colapso financeiro pode sentir — e fui contratada. Nunca duvidei da existência de um Deus, mas esse foi um momento em que provei o poder de uma sabedoria muito maior presente em minha vida. Aparentemente, eu não ia ganhar na loteria, mas talvez houvesse uma outra maneira de me resgatar do caos financeiro em que estava mergulhada. Como, de repente, aprender a lidar com o meu dinheiro.

No começo, minhas colunas focaram a questão de encarar a realidade financeira e resolver toda a imensa confusão causada por maus hábitos e erros crassos, como os que eu tinha cometido. Mas o que eu realmente queria saber, e o que meu "editor mascador de charutos", como eu gostava de chamá-lo, queria que eu descobrisse era por que eu tinha afundado nesse pântano financeiro, para início de conversa.

Por quê? Que pergunta interessante! Nessa altura eu já tinha uns dois anos de experiência com reportagens sobre finanças pessoais, de modo que estava bastante ciente de que dificilmente se poderia considerar incomum aquele tipo de problema financeiro, tão necessitado de uma solução imediata. Assim, comecei a investigar mais além da superfície dos erros mais comuns envolvendo dinheiro e os fracassos financeiros com que as pessoas lutam para entender melhor a fonte das fantasias e ilusões monetárias que, em muitos casos, estavam arruinando suas vidas.

Quando me dediquei mais profundamente à economia comportamental, campo que analisa a dinâmica do comportamento financeiro das pessoas, passei a entender o relacionamento entre o consumo ostensivo e os gastos desmedidos; comecei a enxergar os joguinhos mentais que fazemos com o nosso dinheiro, o impacto da inércia, da adaptação, da negação e da competição a respeito de decisões financeiras básicas — e, naturalmente, as compras impulsivas para prazeres imediatos. Quanto mais eu compreendia a combinação de forças internas e externas que influenciam o comportamento financeiro, mais percebia que entrar em dívidas, ser incapaz de poupar ou querer mais do que você um dia vai conseguir bancar não eram somente deficiências individuais, mas de fato fazem parte de uma doença cultural que nos leva a fazer coisas, pensar e agir de um modo contraproducente em relação ao nosso bem-estar financeiro e emocional.

Essa constatação marcou o início de uma nova fase na minha educação em finanças. Fui mais além de alguns progressos de ordem prática no meu comportamento quanto ao dinheiro, o que me levou a dar mais atenção à minha vida como um todo. Este livro foi em parte inspirado por um artigo sobre a intersecção envolvendo dinheiro, felicidade e qualidade de vida, escrito por Robert Frank, economista de Cornell, mas também foi impulsionado por minhas próprias experiências. Tudo que este livro contém saiu diretamente de situações pelas quais passei. Eu não escrevi estes capítulos porque gosto de pesquisar ou porque me senti impelida a repartir minhas vivências, mas porque elas refletem a verdade a respeito do meu (até direi!) inacreditável progresso.

Não que eu tenha me transformado num exemplo financeiro. Realizaram recentemente um simpósio com sujeitos exemplares em termos financeiros e disseram que eu ainda não tenho qualificação suficiente para entrar na turma. Mas já dominei muito mais sobre esse universo do que pensei que conseguiria, em questão de dez anos. E as lições mais importantes que aprendi não foram sobre minha margem pessoal de lucro, mas sobre os benefícios profundos que podemos colher quando dirigimos menos dinheiro para comprar coisas e reservamos mais para investir em viver.

Isso me leva à extraordinária descoberta que fiz no decorrer desta longa e tortuosa estrada: quando investimos em felicidade, não só ganhamos qualidade de vida como também melhoramos nosso bem-estar financeiro. Por exemplo, se todo fim de semana você "dá um pulo" no *shopping*, ou contrata uma linha de crédito para redecorar a sua casa regularmente, ou dar uma melhorada no seu guarda-roupa, o que esses investimentos fizeram por você? O dinheiro se foi, você tem mais coisas e, em certos casos, ainda mais dívidas. Você não conseguiu aumentar sua felicidade nem sua saúde financeira. Pior ainda, se embarcou naquela viagem de tentar superar o que os vizinhos têm, adquirindo mais e mais coisas materiais, ou de sustentar a "adrenalina" de consumir, você irá se perceber esvaziado emocional e financeiramente.

Mas quando você muda de foco e investe mais dinheiro em despesas mais discretas — para aproveitar a vida, conhecer-se melhor, aproximar-se dos outros, garantir seu futuro, e assim por diante —, o retorno é muito maior. Você terá enriquecido a qualidade de sua vida como um todo e, assim, sua ansiedade para adquirir coisas fica muito menor. Talvez você acabe gastando tanto quanto gastava antes no *shopping*, mas a satisfação que experimentará será mais profunda. E, como estará canalizando seu dinheiro para viver e não para comprar, o que inclui diminuir o estresse financeiro e poupar para o seu futuro, sua situação fiscal melhorará como um todo. Veja o singelo diagrama que esbocei abaixo para ilustrar o que quero dizer.

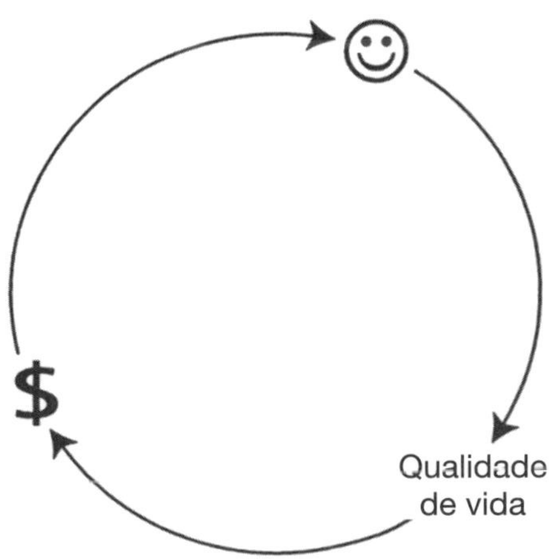

Em outras palavras, as leis da felicidade favorecem o investidor financeiro. Ou talvez as leis das finanças favoreçam quem investe em felicidade. Tudo que sei é que, se você está buscando equilíbrio financeiro, coloque seu dinheiro onde sua felicidade está. Você se perceberá gastando menos em coisas que não têm importância e mais naqueles aspectos da vida que tendem a manter seu valor, os quais tanto aumentarão o nível geral de sua satisfação de viver como o manterão financeiramente nos trilhos.

É um sistema simples. Experimente aplicá-lo um dia. Afinal de contas, trata-se da sua vida, e você é quem pode decidir ser feliz.

Agradecimentos

Desisti completamente da idéia de conseguir, numa seção tão pequena, expressar toda a gratidão que sinto por várias pessoas.

Em primeiro lugar, quero dizer para quem me conhece profissional, pessoalmente ou de ambas as maneiras: você talvez não encontre seu nome aqui, mas este é o meu muito obrigada a você por ter se importado, por ter ouvido, pelo que me disse e pelo que não me disse, pelo *e-mail* que me mandou, pelo telefonema que fez, pelo abraço que você até achou que era só um abraço, mas que para mim foi mais; obrigada por todas as mil coisas queridas e inesquecíveis. Não posso aqui fazer justiça a cada uma dessas preciosas colaborações, mas quero que saiba que eu lembro.

Um obrigada especial a Eden Ross Lipson, que foi ao mesmo tempo uma bênção e um modelo na minha vida. Um enorme obrigada à minha incomparável agente Neeti Madan, que me tornou de fato uma pequena escritora bem feliz. Um grande obrigada também à minha talentosa editora, Becky Cole, por me propor este projeto e por sua excelente orientação a esta autora de primeira viagem.

Na categoria "este livro não existiria sem a ajuda de...", devo a Richard Jenkins um agradecimento tão imenso que a única coisa que posso esperar é que este livro venda bem o bastante para eu poder comprar para ele o iate dos seus sonhos.

Não tenho certeza de onde estaria sem Paula Derrow e Caroline Hwang, que me fizeram colocar os pés no chão, mais vezes do que posso contar. Também gostaria de agradecer a Greg Lichtenberg pela mais extraordinária aula de redação da minha vida, na qual conheci Lisa Montanarelli e Amy Benson, que fizeram mais do que têm noção para me manter nos trilhos. Meu mais profundo respeito e admiração por Jeff Sommer, por me contratar, editar meu texto e ajudar "Basic Instincts" a crescer; também a Mickey Meece, por seus comentários agudos e palavras cordiais.

Tenho de agradecer às meninas. Primeiramente, às Mulheres em Vermelho [*Women in Red*]: Anna, Beth, Brice, Carole, Lyndsey, Stephanie, Tricia. Vocês são o máximo. Depois, às mais próximas e queridas, sem nenhum motivo especial para virem nesta ordem: Val, Kathleen, Athina, Melanie, Alicia, Yalitza. E ao Kurt, por ser Kurt.

Finalmente, um grande muito obrigada a todos aqueles que generosamente repartiram comigo seu tempo, suas idéias e, às vezes, até suas famílias e amigos, para a realização deste livro: Hazen, Susan, Wendy, Peter, Elaine, Steve, Beth Clarke, Kate Hanley, Brice Gaillard, Monnie, Elizabeth, Vincent, Carmi, Sylvia, Rachel, Mark, Jacqueline Blix, Glen Firebaugh, Richard Easterlin, Andrew Oswald, Amanda Goodall, Mihalyi Csikszentmihalyi, John Helliwell.

Gostaria de poder fazer mais do que apenas agradecer aos meus pais. Agora que eu mesma sou mãe, não tenho palavras para expressar minha gratidão por tudo que fizeram e continuam fazendo. O que vale, no mínimo, em dobro para o meu marido, que me manteve sempre de alto astral, e sempre com o traseiro colado na cadeira na fase final da conclusão deste projeto, e que é quem me deixa mais feliz que todos, exceto talvez o Connor.

Referências bibliográficas

BARGH, John A. & CHARTRAND, Tanya L. "The Unbearable Automaticity of Being". *American Psychologist*. 1999, n. 54, p. 462-479.

BENDER, Keith A. & JIVAN, Natalia A. "What Makes Retirees Happy?". *Center for Retirement Research*. edição resumida, 28 fev. 2005.

BLIX, Jacqueline & HEITMILLER, David. *Getting a Life*. Penguin, 1997.

BROWN, Stephanie L.& BROWN, R. Michael. "Selective Investment Theory: Recasting the Functional Significance of Close Relationships". *Psychological Inquiry*. 2006, n. 17, ano 1, p. 1-29.

CLARK, Andrew E. & OSWALD, Andrew J. "Satisfaction and Comparison Income". *Journal of Public Economics*. 1996, n. 61, p. 359-381.

CSIKSZENTMIHALYI, Mihaly. "Materialism and the Evolution of Consciousness". *Psychology and Consumer Culture: The Struggle for a Good Life in a Materialistic World*. KASSER, Tim & KANNER, Allen D. (orgs.). American Psychological Association, 2003.

EASTERLIN, Richard A. "Income and Happiness: Towards a Unified Theory". *The Economic Journal*. Jul. 2001, n. 111, p. 465-484.

__________. "A Puzzle for Adaptive Theory". *Journal of Economic Behavior & Organization*. 2005, n. 56, ano 4, p. 513-521.

FRANK, Robert H. "How Not to Buy Happiness". *Daedalus*. 2004, n.133, ano 2, p. 69-79.

__________. *Luxury Fever*. The Free Press, 1999.

FRANK, Robert H. & LEVINE, Adam Seth. "Expenditure Cascades", Cópia mimeografada. Cornell University, 2005.

HELIWELL, John F. "How's Life? Combining Individual and National Variables to Explain Subjetctive Well-Being". *Economic Modeling*. Mar. 2003, n. 20, p. 331-360.

HONORE, Carl. *In Praise of Slowness*. HarperSanFrancisco, 2004.

LAYARD, Richard. Happiness: Has Social Science Got a Clue? Palestras 1-3; Lionel Robbins Memorial Lectures, Escola de Economia de Londres, 2003.

__________. *Happiness: Lessons From a New Science*. Penguin, 2005.

LYKKEN, David & TELLEGEN, Auke. Happiness Is a Stochastic Phenomenon, *Psychological Science*, 1996, n. 7, ano 3.

LYUBOMIRSKY, Sonja; SHELDON, Kennon M.; SCHKADE, David. "Pursuing Happiness: The Architecture of Sustainable Change". *Review of General Psychology*. 2005, n. 9, ano 2, p. 111-131.

MILLER, Jody & MILLER, Matt. "Get a Life". *Fortune*, nov. 2005.

NETTLE, Daniel. *Happiness: The Science Behind Your Smile*. Oxford, 2005.

NEUMARK, David & POSTLEWAITE, Andrew. "Relative Income Concerns and the Rise in Married Women's Employment". *Journal of Public Economics*. 1998, n. 70, p. 157-183.

O'NEILL, Barbara et alii. "Negative Health Effects of Financial Stress". *Consumer Interests Annual*. 2004, n. 106, p. 393-416.

OSWALD, Andrew & BLANCHFLOWER, David. "Money, Sex and Happiness: An Empirical Study". *Scandinavian Journal of Economics*. n. 106, p. 393-416.

OSWALD, Andrew & GRAHAM, Liam. *Hedonic Capital*. Documento operacional. 2006.

ROJAS, Mariano. "The Complexity of Well-Being: A Life Satisfaction Conception and a Domains-of-Life Approach". *Researching Well-Being in Developing Countries*. GOUGH, I., & MCGGREGOR, A. J. (orgs.). Cambridge University Press, 2006.

SCHWARTZ, Barry. "The Tyranny of Choice". *Scientific American*. Abr. 2004.

SELIGMAN, Martin E. P. *Authentic Happiness*. The Free Press, 2004.

SOLNICK, Sara J. & HEMENWAY, David. "Is More Always Better?: A Survey on Positional Concerns". *Journal of Economic Behavior & Organization*. N. 37, p. 373-383.

SULL, Donald N. & HOULDER, Dominic. "Do Your Commitments Match Your Convictions?". *Harvard Business Review*. Jan. 2005.

THALER, Richard H. & BENARTZI, Shlomo. "Save Nore Tomorrow: Using Behavioral Economics to Increase Employees Saving". *Journal of Political Economy"*. 2004, n. 112, ano 1, p. S164-S187.

ZIMMERMAN, Anke. *Chasing the Good Life: Life Cycle Aspirations for Goods, Family, Work, and Health*. Manuscrito inédito. University of Southern California, 2005.

Este livro foi impresso pela
Prol Gráfica em papel *offset* 75 g.